EL
Especulador
PERFECTO

CÓMO TENER GRANDES GANANCIAS EN LOS MERCADOS ALCISTAS Y NO PERDER NADA EN LOS MERCADOS BAJISTAS

EL
Especulador
PERFECTO

CÓMO TENER GRANDES GANANCIAS EN LOS MERCADOS ALCISTAS Y NO PERDER NADA EN LOS MERCADOS BAJISTAS

BRAD KOTESHWAR

El Especulador Perfecto

Great Expressions Publishing
Scotttsdale, AZ 85262

Todos los personajes de este libro son ficticios. Cualquier parecido de los personajes con alguien vivo o muerto es por accidente y pura coincidencia. Los acontecimientos del libro pueden o no haber ocurrido y pueden o no ser ficticios. Si los hechos han ocurrido en el pasado, pueden o no haber sido utilizados como ejemplo para ofrecer las lecciones del mercado. Si los hechos no han ocurrido todavía, pueden o no ocurrir en el futuro.

ISBN 978-0-9769324-4-4

A mi hija, que como los mercados,
me ha enseñado mucho

El especulador observa, interpreta y luego ejecuta
en función de las mejores probabilidades de
obtener beneficios

Contenido

PREFACIO

Me encontraba en la barbería de la esquina cortándome el pelo. Me gustaban las barberías de toda la vida. En la actualidad, las barberías de lujo brotaban por todas partes. Con nombres difíciles de pronunciar y la palabra "Salón" al lado, los barberos de hoy en día, que se autodenominaban "estilistas", se tomaban la licencia de cobrar el triple de lo que debería costar un corte de pelo normal en una barbería. Me parece que mi peluquero, Ed, tenía más de setenta años. Cuando me cortaba el pelo, hablaba de sus días de juventud, cuando tenía una barbería en las afueras de Chicago. Le pregunté: "¿Cuándo te mudaste a Arizona?". Me respondió que se había jubilado hacía unos diez años y que se había mudado a Arizona justo después de vender su barbería en Chicago. Entonces me vino a la mente la pregunta obvia que solté sin mucho tacto: "¿Por qué sigues trabajando si te habías retirado hace diez años?". Dijo con un tinte de tristeza y con algo de enfado en su voz: "Debería haber escuchado a gente como tú. Pero tenía mi dinero en fondos de inversión y el mercado bajista me dejó sin nada. Aquí estoy, en mis años dorados, en la peor condición financiera de mi vida".

Al volver a casa después de cortarme el pelo, me hice una nota mental de que los medios de comunicación nunca hablan de las miles y miles de historias que son similares o peores que la de Ed. La publicidad en el mercado siempre gira en torno a la gran promesa de riquezas rápidas que ofrece la bolsa.

Era una hermosa mañana de primavera a principios de abril en Scottsdale. Estaba disfrutando de mis quince minutos de fama, ya que la revista Time acababa de mencionarnos a mí y a mi esposa en una de sus columnas de negocios. Dicha revista había cubierto la fenomenal subida de precios y el posterior desplome de las acciones de Taser International. En dicho artículo habían mencionado algo sobre mí.

Yo había escrito un libro en 2004 titulado "La Acción Perfecta", que se basaba en la gran carrera de precios de Taser. Mi teléfono no paraba de sonar, ya que mi familia, mis amigos e incluso mis vecinos me llamaban diciendo que yo era el único que conocían personalmente que había aparecido en la revista Time. A la mayoría de la gente le tuve que recordar que ya había un nuevo número de Time en los quioscos y que la revista Time de la semana pasada era ya cosa del pasado. Como la memoria humana es corta, Taser era una historia olvidada. No cabe duda de que los futuros ciclos de mercado traerán consigo muchos más valores nuevos que escribirán historias similares a la de Taser.

Entre las numerosas llamadas que recibí hubo algunas de las grandes editoriales de libros de Nueva York. Ahora que mi nombre había aparecido en la revista Time, al parecer habían recogido mi anterior libro, que había autopublicado en septiembre de 2004. Estos grandes no se anduvieron con rodeos. Fueron directamente al grano. "¿Cuántos ejemplares has vendido de tu primer libro? ¿Cómo ha impulsado las ventas el artículo de la revista

Time? ¿Tiene algún otro libro en el que esté trabajando ahora? ¿Se ha puesto en contacto con alguna otra editorial? ¿Puede enviarnos un borrador de su segundo libro, si lo tiene?". Todas las preguntas parecían ser las mismas.

Desconocía cómo se habían dado cuenta de que estaba trabajando en mi segundo libro. Pero me sentí halagado por toda la atención que estaba recibiendo. Me sentí más que feliz de enviarles a todos una copia del borrador de mi manuscrito que había desarrollado para entonces.

Al cabo de una semana, más o menos, recibí una llamada de uno de los editores. El tipo fue directo y directo. Me dijo: "Brad, tu manuscrito es estupendo, pero lamento no poder venderlo. Cubres los principios clásicos con un estilo muy sencillo y conversacional. Creo que los lectores lo disfrutarán y aprenderán de él. Sin embargo, no veo nada en el libro que prometa riquezas fáciles y no hay nada en el libro que pueda utilizar como un nuevo método para hacerse rico rápidamente para crear un zumbido de marketing alrededor. No veo en el libro una forma nueva y fácil de vencer al mercado".

Le interrumpí y le dije: "David, odio decirlo, pero no hay ningún método rápido y fácil para hacerse rico rápidamente en el mercado. Si existiera, ya se habría inventado. La especulación existe desde hace miles de años. Nada ha cambiado. He expuesto las lecciones en un formato muy sencillo y de fácil lectura. Me hubiera gustado tener un libro como éste cuando era joven. Habría evitado grandes errores que he cometido en el camino".

David fue brusco. Contestó: "No puedo promocionar tu nuevo manuscrito y tampoco puedo venderlo. Cuando saco un libro al mercado, suele ser una nueva forma de enriquecerse rápidamente en el mercado. El público siempre busca atajos y le encanta pagar mucho dinero por una nueva forma elegante de vencer al mercado. Si lo promociono y lo comercializo, puedo vender miles de copias el primer día. ¿Conoces a Jill Incognito? Cada vez que escribe un libro, no importa lo malo que sea, vende 20.000 libros el primer día. Puedo promocionarlo, venderlo, impulsarlo, comercializarlo. Sus libros siempre ofrecen una forma de hacerse rico rápidamente y el público compra su mensaje sin pestañear".

"Es una broma interna en el mundo editorial: solo publicamos libros que normalmente no necesitan ayuda para venderse. Si cambias de opinión y se te ocurre un libro que ofrezca una nueva forma vanguardista de vencer al mercado, házmelo saber y yo lo promocionaré, lo haré sonar, lo impulsaré y lo convertiré en un best-seller. El público es muy divertido, ya que pagará por leer una promesa mágica cualquier día, pero nunca pagará por aprender las verdaderas lecciones del mercado".

"Las verdaderas lecciones del mercado y las realidades de los mercados son demasiado difíciles de aplicar porque el público quiere dinero fácil. El dinero fácil no existe. El único dinero fácil está en la venta de promesas de dinero fácil. Solo hay que preguntarle a Jill. ¿Sabes de quién estoy hablando?" Yo conocía a Jill. Ella era alcista perenne. Ella solo conocía dos tipos de mercados - un mercado alcista y un mercado súper alcista. Siempre decía tener razón. Al público, sin embargo, no le importaba que Jill siempre señalara las victorias solo a posteriori. Al público solo le importaba que Jill fuera optimista y que, según ella, un gran mercado alcista estuviera siempre a la vuelta de la esquina.

Comenté que esta Jill, de la que hablaba David, tenía un gran trabajo en marcha. Ella publicaba en su periódico todas las acciones que ya habían hecho un movimiento serio en los últimos meses. Luego añadía un comentario que decía: "Si hubieras comprado esta acción hace seis meses, podrías haber triplicado tu dinero". Para encontrar valores como éste, deberías suscribirte a mi servicio de gráficos y a mis programas de selección". Evidentemente, los gráficos y los programas de selección costarían un dineral. Cuando alguno de sus lectores planteara una pregunta válida e inteligente: "¿Por qué tu periódico no ofrece los valores como potenciales compras antes de que comience el movimiento, pero siempre indicas a posteriori qué valores han hecho un movimiento?" - Su respuesta sería la clásica respuesta desarmante de un vendedor: "Somos un periódico y no un asesor de inversiones. Ofrecemos herramientas para que el inversor obtenga grandes beneficios".

Continué con mis pensamientos: "Me parece que ese enfoque es poco sincero y no es más que vender falsas promesas de riqueza. Pero entonces, el trabajo del mercado de valores es seducir a los ingenuos con tales señuelos de riquezas rápidas". Estaba siendo duro, pero supuse que David era un experto en el negocio editorial y estaba acostumbrado a los comentarios sinceros de sus autores potenciales.

David me interrumpió bruscamente y dijo: "Pero Brad, eso es exactamente lo que el público ansía. Resulta increíble para la mayoría de la gente, pero la gente comprará cualquier día un plan para hacerse rico antes que una descripción verdadera y precisa de la realidad de los mercados. La realidad es demasiado difícil de aceptar. La gente quiere creer que se pueden obtener fácilmente enormes ganancias en los mercados. Pagarán mucho dinero para que les vendan la idea de que cualquiera puede ganar fácilmente mucho dinero en los mercados. Seguirán viniendo a por más si sigues produciendo este tipo de libros y servicios".

"El mercado se rige por la demanda. Donde hay demanda, ofrecemos la oferta. La demanda está en los atajos para hacerse rico y en las promesas de dinero fácil. Hay más gente que pierde dinero en los mercados de lo que nadie admite. Todos estos perdedores quieren recuperar su dinero de forma rápida y fácil. Eso es lo que ofrecemos: una promesa de dinero fácil. Y vender libros y servicios para captar esa demanda es dinero fácil para nosotros".

Sabía que esto era cierto. No solo por mi propia experiencia como corredor en el mercado de materias primas, sino también por las experiencias de otros en el negocio. Es frustrante cuando ofreces un servicio poco común que puede señalar los pasos correctos para evitar los baches y aprovechar las oportunidades adecuadas, pero nadie lo compra porque el trabajo es agotador, duro, requiere mucha paciencia, persistencia y requiere una composición mental especial para entender las cosas".

David continuó: "Otro inconveniente de tu trabajo es que no utilizas a ningún tipo conocido de la CNBC o de Wall Street en tu libro. Cuando se entrevista a algunos personajes conocidos, la venta del libro resulta fácil. El público se deja llevar por las celebridades. Cualquier celebridad o persona conocida ayudará a impulsar las ventas de un libro".

Le dije a David: "Está bien, David. Seguiré con el libro autopublicándolo. Así tendré total independencia sobre lo que escribo, cómo lo escribo y cuándo lo escribo. Tienes razón. Tu forma de publicar me parece muy parecida a la forma de actuar de los iniciados en Wall Street. Es principalmente propaganda y se produce para crear y llenar una demanda. No hay nada malo en esa forma de capitalismo. Solo que no es mi estilo".

David se mostró frío en su respuesta y dijo: "Buena suerte. Ningún medio de comunicación importante reseña jamás una obra autopublicada. Además, te resultará difícil comercializar el libro, ya que la mayoría de las grandes editoriales tradicionales de Nueva York tienen acceso a todas las entrevistas y cobertura de radio, televisión y prensa escrita para sus propios autores. Un escritor autopublicado no tiene absolutamente ninguna posibilidad de conseguir ningún tipo de exposición".

"Además, una marea autopublicada no tiene ninguna posibilidad de llegar a las principales librerías y cadenas de tiendas como Wal-mart, Barnes & Noble, Borders, B. Dalton y similares. Es gente como nosotros, los grandes editores tradicionales, la que tiene la capacidad y los acuerdos contractuales para colocar nuestros libros en las estanterías de las librerías. Además, con nuestros empleados internos, que se cuentan por miles, podemos hacer nuestros propios cientos de reseñas en todos los principales minoristas en línea, como Amazon. Un autoeditor como tú no tiene esa maquinaria para impulsar tus libros. Me temo que no podrás obtener muchos beneficios con la venta de tus libros. Además, ¿qué sabes tú de llenarla? Nosotros, los editores, sabemos algo sobre cómo llenar un libro con muchas páginas de información redundante e inútil. Podemos llenar páginas y páginas de cosas solo para que el libro parezca gordo y lleno de información. Añadimos un índice, un glosario, etc. solo para hacer más páginas dentro de un libro. Como sabes, a mayor número de páginas, mayor es el precio que podemos cobrar".

David tenía razón en todos los aspectos. A pesar de que Estados Unidos ofrecía más oportunidades que cualquier otra nación, seguía operando dentro de una red de buenos chicos. Por muy bueno que fuera un libro, conseguir que los medios de comunicación y el público en general lo conocieran era un factor clave para convertir un libro en un best-seller. Si no se da a conocer al público un buen libro, hay pocas posibilidades de que se compre o se lea cuando hay cientos de miles de libros nuevos que salen cada año, la gran mayoría de los cuales son vendidos, promocionados, publicitados y comercializados por los grandes.

No hay nada sorprendente en los comentarios de David. Yo era un veterano en los mercados y cada vez más viejo. Llevaba el suficiente tiempo en este juego como para conocer las realidades. No buscaba enriquecerme con mi libro. Quería dejar algo que había aprendido por mí mismo y también a través de las lecciones que me ofreció uno de los mayores especuladores de los tiempos modernos, Boyd Hunt. Boyd era desconocido para el resto del mundo y prefería mantenerlo así. Tuve la suerte de conocer bien a Boyd y algunas de sus operaciones en el mercado eran francamente increíbles.

En este libro se encuentra la información y las reglas de la especulación exitosa. La forma en que uno puede aceptar, interpretar y aplicar las reglas del juego depende de cada jugador.

CAPÍTULO 1

EL LLAMADO DEL ESPECULADOR

B oyd Hunt era un especulador magistral. Conocí a algunos especuladores de gran éxito, pero Boyd era, con diferencia, el mejor y estaba en su propia liga. Actualmente tiene más de noventa años y es más reservado que hace unos años. Pero siempre fue muy discreto y sin pretensiones. Uno podría charlar una hora con Boyd sin saber que era un operador de mercado de gran éxito. Sus conocimientos sobre los mercados valían millones si se utilizaban correctamente.

Fue a principios de 2005 cuando recibí una llamada suya. Llevaba unos meses escribiendo mi informe sobre la fenomenal carrera de precios de Taser, un 7000% en 52 semanas. El informe llegó de alguna manera a los medios de comunicación locales y, para sofocar el furor que podría haber surgido, publiqué el informe en forma de ficción y lo puse a disposición del público en general. Ese libro se tituló "La Acción Perfecta". En efecto, el libro había sido recibido razonablemente bien, sobre todo para un autor primerizo desconocido que había autopublicado la obra. Sin embargo, me decepcionó que algunos lectores no pudieran captar las lecciones que contenía el libro. Supuse que se debía a mis propias deficiencias como escritor. No era un experto en el idioma inglés. Y mi mente estaba más centrada en incorporar las lecciones del mercado dentro de la ficción que en tratar de ser políticamente y de otro modo correcto con un uso impecable del inglés escrito.

En cuanto el informe se publicó como relato de ficción, para proteger ciertas identidades y acontecimientos, los medios de comunicación parecieron perder de algún modo el interés. Más tarde me quedó claro que la mayoría de los medios de comunicación locales poseían acciones de Taser. Además, nadie quería oír en otoño de 2004 que las acciones habían tocado techo en abril de 2004. Resultó que el máximo de abril de 2004 fue lo más cercano a la cima. Solo en 2005, Taser había caído desde un máximo de 33 dólares hasta un rango de precios de entre 7 y 10 dólares cuando llegó la primavera. No iba a ir por la ciudad afirmando: "Te lo dije". Ese no era mi estilo y, de todas formas, el Taser era ya una historia vieja. Además, también me había equivocado muchas veces en el mercado. Aunque, a lo largo de los años, había aprendido a equivocarme poco y acertar mucho.

Cuando Boyd me llamó, me sentí un poco ansioso. ¿Qué quería de mí? ¿Le molestaba que utilizara su personaje en mi primer libro? Había utilizado algunos de sus registros y técnicas de negociación en mi libro, mientras intentaba mostrar las acciones de un gran especulador. Ya habían pasado meses desde la última vez que hablé con él. Había mantenido mi palabra y había tomado grandes precauciones para proteger su identidad, ya que era una persona muy privada. Había utilizado un nombre ficticio en lugar de su nombre real y había adjuntado un lugar ficticio para su casa. ¿Me llamaba ahora para informarme de que no estaba contento con las referencias que había hecho a sus operaciones, que se parecían tanto a sus ejecuciones reales sobre las acciones de Taser?

Era una mañana temprana de enero de 2005. Eran poco más de las 6:00 a.m. Siguiendo mi rutina diaria, estaba bebiendo café negro y leyendo las secciones de negocios de The New York Times y de The Arizona Republic. El teléfono sonó. Contesté. Era Boyd. Me pidió que fuera a desayunar con él lo antes posible. Dijo que tenía algo muy importante que discutir conmigo y que necesitaba mi presencia inmediatamente. Noté la urgencia y accedí a conducir hasta la colina para reunirme con él de inmediato.

Cuando llegué a la entrada de su casa, estaba sumido en mis pensamientos y sentía cierta curiosidad por el motivo de la llamada de Boyd. No obstante, me las arreglé para apreciar la hermosa vista del valle bajo el brillante pero crujiente sol de invierno de Arizona. Boyd estaba sentado junto a la piscina tomando su café. Se levantó para estrechar mi mano. Me di cuenta de que parecía mayor y parecía cansado cuando me deseó buenos días.

Me dio una taza de café recién hecho y dijo: "Gracias por venir con tan poco tiempo de antelación. Pero estoy trabajando con tiempo prestado. Durante mi último examen físico, mi médico me encontró algunos tumores en los pulmones y me temo que tengo cáncer de pulmón".

Me sorprendió. Nunca le había visto fumar. Todo lo que pude decir fue: "¿Cómo es posible? Tú no eres fumador. Lo siento, Boyd. Pero no sé qué decir. Esto es terrible".

Agitó la mano y dijo que había sido un fumador empedernido durante muchos años en su juventud. Lo había dejado a los cincuenta años. Pero el daño causado a sus pulmones en sus días de juventud aparentemente lo había afectado. No tenía mucho interés en hablar de su enfermedad. Fue directamente al grano y dijo: "Como sabes, tengo un puñado de viejos amigos para los que escribo un pequeño comentario sobre la bolsa. Me han pedido que encuentre a alguien que se haga cargo de mis comentarios. No pude pensar en nadie más. Tu nombre fue el primero y el único que me vino a la mente".

Me pilló desprevenido. Aquello fue totalmente inesperado. En primer lugar, todavía estaba aturdido por la noticia del deterioro de la salud de Boyd. Además, ahora me imponía esta nueva y pesada carga. Me quedé boquiabierto y me quedé sentado mirándole fijamente. Abrí la boca pero no me salían las palabras. Boyd vio mi malestar, sonrió y dijo con su habitual voz fría y tranquila: "No te preocupes. Estoy seguro de que no interferirá con tu tiempo y otras obligaciones, ya que sé de buena tinta que ya haces la mayor parte de lo que yo hago para conseguir la lectura del mercado. Y también sé que, en base a tu lectura del mercado, también eliges potenciales ganadores de acciones. Eso es más o menos lo que ofrezco a mis lectores. Y todavía tengo algo de tiempo para ayudarles con lo básico y permitirles que se sientan cómodos escribiendo su propia interpretación de los estados de ánimo del mercado".

Me recompuse, respiré hondo y respondí: "Me siento muy honrado, Boyd. Pero me temo que mis conocimientos sobre los mercados no son ni de lejos tan grandes como los tuyos. Además, se me ocurren al menos uno o dos compañeros más que pueden hacer un trabajo mejor que el mío".

"No te vengas abajo. Sé de quiénes hablas, pero están atados a otros intereses. Y están atados a la maquinaria de Wall Street y eso hace imposible que sean imparciales e independientes. Necesito a alguien totalmente alejado de las influencias de los iniciados. Tiene que ser alguien sin apego a nadie que pueda ser un insider en un momento dado. Necesito a alguien que esté y pueda estar totalmente desvinculado de la maquinaria de Wall Street. Lamento decir que tú eres el único que se me ocurre en este momento", dijo Boyd.

Le contesté: "Aunque encaje en el perfil, debo admitir que mi capacidad para leer el mercado y los valores individuales es limitada. No tengo la misma experiencia en los mercados que tú. Además, no tengo la visión, el tacto y la capacidad de disipar el ruido que tú tienes. Has aprendido tu oficio a lo largo de décadas de experiencia y de operaciones de mercado exitosas. Yo me quedaría corto, muy corto, para satisfacer las necesidades de tus lectores".

Mientras intercambiábamos nuestros puntos de vista, Boyd se dedicó a sacar cajas de su estudio al lado de la piscina. Sin darme cuenta, le estaba siguiendo dentro y fuera de su casa mientras le ayudaba a llevar caja tras caja a la cubierta de la piscina. Sin darme cuenta, habíamos apilado más de un puñado de cajas en la cubierta. Me di cuenta de que las cajas estaban numeradas y llenas de papeles. Mi voz se fue apagando poco a poco, ya que parecía que Boyd no me escuchaba. Abría cada caja, echaba un vistazo rápido a los papeles de la parte superior y pasaba a la siguiente. Una vez que había echado ese rápido vistazo a cada una de las cajas, se acomodó y se sentó.

"¿Estas cajas te traen recuerdos?" pregunté. Boyd asintió con la cabeza y dijo: "Sí. Aquí hay una cantidad inestimable de conocimientos. De haber sabido lo que sé ahora cuando empecé en los años 30, podría haber hecho un bien increíble". No es que no haya hecho bastante bien. Pero, como todos los humanos, existe el pensamiento de que las cosas podrían haber sido mejores si algunas de las lecciones aprendidas se hubieran aprendido antes y más rápido.

Me estaba poniendo muy nervioso. No parecía que fuera a cambiar de opinión. Se empeñaba en que me hiciera cargo de su trabajo. Me sentía inadecuado. Sabía que estaba dotado de una mente rápida. Pero él era un operador cuya mente funcionaba en un plano mucho más elevado. Percibió mis dudas y me dijo: "He visto tu informe sobre la operación con la pistola eléctrica. Aprecié tu valoración sincera de esa acción, así como el funcionamiento del mercado. Es habitual que el público se deje llevar por la confianza errónea de que, mediante modelos técnicos y matemáticos y otros métodos que suenan a cerebros, se puede obtener un conjunto superior de rendimientos".

"Tus escritos eran sencillos y se expresaban con honestidad. Necesito a alguien que pueda ofrecer una interpretación sencilla, directa y honesta del mercado sin ninguna amenaza de represalias por parte de los iniciados. Cualquiera puede ofrecer, y todo el mundo lo hace, un escenario alcista para entusiasmar al público. Un escenario claramente alcista solo se produce en un 30-40% de las ocasiones. En un ciclo de diez años, un escenario alcista claro se produce unas tres o cuatro veces. Mi objetivo es ser esa rara persona que puede ganar mucho dinero durante esas condiciones alcistas y, al mismo tiempo, puede permanecer en modo seguro y no perder nada durante el resto del tiempo. Casi todo el mundo ha ganado dinero en los mercados en algún momento. Eso es lo que nos hace volver al mercado una y otra vez. Pero muy pocos han podido conservar lo que han ganado. El mercado suele recuperarlo todo y más. Hay que tener un poco de coraje para interpretar y decir claramente que no todas las subidas son el comienzo de una tendencia alcista. Y del mismo modo, no todas las ventas son el comienzo de una tendencia bajista".

Entonces tuve la sensación de que me había convencido. Siempre me he mostrado escéptico ante el bombo y platillo de los medios de comunicación sobre el mercado. Y había pasado por más de unos cuantos ciclos de mercado para saber que la capacidad del mercado para engañar a la mayoría de la gente era grande. Y la probabilidad de que los humanos tuvieran razón en el mercado era baja. Boyd confirmó que su enfoque no era muy diferente al mío. Dijo: "Siempre me he acercado al mercado aceptando que estaba tratando con una entidad engañosa y peligrosa. Prefería entrar en el mercado con un enfoque claro sobre la probabilidad de ganar".

"Soy un hombre sencillo. Me gusta la vida sencilla. Procuro simplificarlo todo, ya que odio la confusión. Y en cuanto algo empieza a complicarse, me confundo por completo. Así que he aprendido la importancia de mantener las cosas simples. No puedo funcionar de otra manera. No entiendo los últimos modelos matemáticos, programas informáticos, modelos de probabilidad, econometría, etc. Me imagino que si eso es lo que se necesita para tener éxito como especulador, ¿por qué no veo toneladas de matemáticos que sean grandes especuladores? ¿Y por qué los matemáticos de vanguardia son contratados por las casas de bolsa y las entidades de investigación para desarrollar y mantener toneladas y toneladas de modelos matemáticos? Es decir, si los modelos matemáticos fueran tan buenos, ¿por qué las grandes mentes matemáticas están trabajando para las casas de bolsa en la investigación y la construcción de modelos en lugar de operar con éxito en los mercados? Creo que es una tendencia humana tan clásica la de no quedarse atrás que cuando una correduría se carga de científicos y genios matemáticos en su departamento de investigación, otras corredurías siguen su ejemplo para no quedarse atrás en la búsqueda de la respuesta mágica para batir al mercado".

"No hay sistemas infalibles. Si lo hubiera, el mercado dejaría de existir. Como el sistema infalible limpiará el mercado. Una vez que uno acepta ese hecho, está bien encaminado para conseguir dominar el mercado. Pero mientras uno siga buscando ese sistema infalible, seguirá siendo vapuleado por el mercado. Y el segundo punto de la realidad que uno debe afrontar es que todo lo que se necesita para ser un especulador exitoso está en la acción precio/volumen de las acciones líderes y los índices líderes".

"He comprobado que hay ofertas de todo tipo de señales y métodos vanguardistas para batir el mercado y atrapar al público crédulo. Todo el mundo afirma haber encontrado la respuesta mágica para vencer al mercado.

No existe tal cosa como algo seguro. Y el mercado, con su genialidad, nos ofrece migajas de vez en cuando para que volvamos a por más. Cada sistema de trading funciona durante un pequeño periodo de tiempo en algún momento del ciclo de mercado. Es la cuerda suficiente que se ofrece al público crédulo para que se ahorque. Por supuesto, nadie quiere oír esto porque entonces tiene que aceptar que no puede encontrar un atajo hacia la riqueza. ¿Y quién no quiere un atajo hacia la riqueza?"

"Mi enfoque es muy sencillo. Como he dicho, soy un hombre sencillo. Mis operaciones son muy sencillas. Si algo no sale a la luz y me mira directamente a la cara, lo más probable es que sea el mercado el que intente atraparme con tentaciones. Se ha perdido más dinero tratando de obtener pequeñas ganancias incrementales de lo que la gente nunca se dará cuenta. El hombre común de la calle no tiene ninguna posibilidad de superar la investigación realizada por las mayores casas de bolsa, investigadores, gestores de fondos, banqueros de inversión, etc. Estas entidades tienen a los mejores y más brillantes trabajando para ellos. Hacen algunas de las mejores investigaciones".

"No puedo hacer una investigación superior a la de estos grandes. Sin embargo, puedo ver lo que los grandes hacen con la investigación en la forma en que compran y venden acciones. Lo veo claramente en el índice y en la acción del precio y el volumen de las acciones individuales. Para mí, esa es toda la información que se necesita. Solo sigo el dinero más grande. Pero para llegar a ese punto, pasé años aprendiendo. Solo las grandes ganancias que he obtenido han confirmado lo que todos los grandes especuladores saben. Todo está en la acción del precio y del volumen. Y el resto de cosas del mercado son pura palabrería".

Intervine diciendo: "Boyd, estoy de acuerdo contigo. Pero, ¿cómo has conseguido convencer a tus lectores de que la acción precio/volumen es todo lo que hay que saber? Me parece que cuando simplifico las cosas, el público no puede creer que pueda ser tan sencillo. Quieren creer en una jerga llena de tecnología de un servicio no probado que se basa en el bombo y platillo, en lugar de una simple y honesta valoración del mercado".

A lo que respondió: "Sí. Los humanos queremos creer que el secreto del éxito en el mercado es algo profundo y complicado. El razonamiento es bastante sencillo. Es tan difícil tener éxito que debe ser complicado. No puede ser sencillo. Por lo tanto, cualquiera que pueda sonar complicado, mostrar mucho flash y color, usar algunas palabras largas y algunas matemáticas complicadas se piensa inmediatamente que es un genio en los mercados. Pero mis lectores saben que no es así, porque ellos tampoco son unos pollos de primavera. En su día se gastaron millones en investigadores de primera fila y en modelos de vanguardia y perdieron aún más, sobre todo durante las rachas bajistas. Han aprendido por la vía dura mi primera y verdadera lección, que es, primero, - no hacer daño. Hay que ser un genio para entender y reconocer que no perder es en realidad ganar. Casi nadie lo reconoce. Y en consecuencia, apenas se ven especuladores de éxito constante en los mercados. Los hay, pero muy pocos y muy distantes entre sí, porque la mayoría de la gente nunca entiende el concepto de evitar las pérdidas".

Le pregunté entonces sobre la opinión comúnmente extendida de que hay que prestar mucha atención al crecimiento de los beneficios. Sabía exactamente lo que iba a decir, ya que lo redujo todo a lo básico, pero le pregunté a Boyd de todos modos: "¿Eliminas los valores que no muestran un crecimiento de los beneficios? Después de todo, la burbuja de Internet enseñó a la gente que la falta de beneficios fue la causa de la caída de muchos valores puntocom que quebraron".

Sonrió con conocimiento de causa y contestó: "Sabes que la anticipación de los beneficios es más importante que los beneficios reales. El crecimiento de los beneficios es, en muchos casos, un indicador rezagado. Muchas veces, un gran movimiento ya se ha producido y ha desaparecido antes de que una empresa joven pueda mostrar sus beneficios reales. El mercado de valores mira hacia el futuro. El movimiento se produce en previsión de. No a causa de. Es habitual que los novatos y los aficionados se centren únicamente en el crecimiento de los beneficios. Es en eso en lo que los iniciados quieren que se fije el público. Después de todo, los iniciados no pueden vender sus participaciones a menos que haya un gran grupo de compradores para las participaciones de los iniciados".

"Normalmente, para cuando el crecimiento de los beneficios se ha establecido firmemente, la mayor parte del movimiento de una acción ya ha pasado. Esto se remonta a mi discusión anterior sobre la investigación que hacen los grandes. Recuerda que tienen un ejército de investigadores que ya han previsto y anticipado todo lo que hay que anticipar. Los grandes colocan su posición basándose en lo que se anticipa en el camino. No por lo que fueron las ganancias de los trimestres pasados. En un entorno en el que todo se descuenta en función de las condiciones y los acontecimientos previstos con meses de antelación, de qué sirven los beneficios de los trimestres pasados y ya en el pasado. Las noticias de hoy son historia antigua. Las noticias sirven para sacudir y falsear a los aficionados. En el largo plazo, las noticias solo actúan como una confirmación rezagada del movimiento de una acción que se ha producido hace semanas o meses. Presto atención a la anticipación de las ganancias. No al historial de ganancias reales. Como he dicho, incluso las noticias de hoy son historia antigua en el mercado".

"Es obvio para mis lectores, que poseen una gran cantidad de sentido común, que sería temerario pensar que el hombre común puede hacer en la investigación lo que los grandes behemoths hacen Y por extensión, ya que estas personas con mucho dinero colocan grandes fondos en las acciones que les gustan, todo lo que tengo que hacer es seguir el dinero grande y así seguiría la mejor investigación en el país. No puede haber un método más sencillo para funcionar bien en el mercado que éste. Seguir la acción precio/volumen de los grandes para ver lo que hacen los grandes. La acción precio/volumen me muestra dónde está comprando el gran dinero, dónde está vendiendo y dónde está apoyando una acción".

"Pero estos grandes saben que la gente como nosotros seguirá su dinero. Así que ofrecen pistas falsas y muchas veces crean falsas salidas y sacudidas para despistarnos. Esto se debe a que tienen mentes inteligentes que prestan atención a la acción del precio/volumen en sus participaciones también. Así que ven lo mismo que yo. Aquí es donde entra en juego la buena gestión del dinero. Y al mismo tiempo, buscar señales de confirmación es crucial. Aquí es donde permanecer fuera del mercado es tan importante como entrar. Habrá periodos en los que nada se vea bien desde la perspectiva del precio/volumen. E incluso si algo se ve bien, las condiciones del mercado hacen que sea imposible tener éxito ya que el mercado no ofrece probabilidades decentes de ganar. En esos periodos, es muy importante no estar activo en el mercado. Es muy importante sentarse y esperar y observar la acción del mercado. Esto es muy, muy difícil para la mayoría de la gente. Siempre hay alguien que promociona alguna acción todo el tiempo. Sentarse y no caer en el bombo es extremadamente difícil para la mayoría de la gente".

"Espero que aceptes mi oferta y me ayudes aceptando mi trabajo. Mis lectores son conocedores y tienen mucha experiencia. Y son solo unos pocos. No busco más lectores. Son los pocos clientes que llevan años y años conmigo. Lo hago para agradecer su fidelidad y confianza en mí. No buscan orientación. Solo buscan una visión independiente de los mercados. Solo desean ver si lo que tú ves es lo que ellos ven. Buscan una confirmación. Tengo plena confianza en tus habilidades. Estaré encantado de pasar los próximos días contigo y cubrir algunos de los fundamentos del mercado para ti si lo deseas. Pero si te sientes incómodo al escuchar lo que tengo que decir, puedo dejarte estas cajas. Estoy seguro de que algunos de los ciclos que he grabado en estas cajas volverán en el futuro de una forma u otra. Y las notas que he incluido pueden ser de alguna ayuda. Si decides aceptar mi oferta, tendremos que empezar a reunirnos con bastante urgencia".

Boyd podía ser muy persuasivo con su estilo tranquilo y discreto. Todavía no estaba seguro de mis habilidades para escribir mis pensamientos sobre el mercado. Tuve mis años buenos y mis años malos, como todo el mundo. Pero mis años buenos nunca habían sido tan buenos como los de Boyd. Y peor aún, mis años malos siempre fueron peores que los peores años de Boyd. Y aunque mi informe sobre Taser ya se había hecho público, sabía que mi estilo de escritura no era el mejor. Tenía la tendencia a escribir como pensaba. En frases cortas, sucintas y nítidas. Y para algunos, entender lo que parecía inconexo era más difícil de lo que había previsto.

Le expliqué a Boyd este defecto de mi estilo de escritura. Yo era un perro viejo. Y si no había desarrollado un gran estilo de escritura a estas alturas, seguramente no iba a aprender a hacerlo ahora que tenía cuarenta años. No quería que sus lectores se sintieran decepcionados al ver un estilo de escritura diferente, sobre todo porque se habían acostumbrado a la elegante escritura de Boyd.

Boyd respondió: "No te preocupes por eso. No estás escribiendo una obra literaria. Nadie espera que lo haga. Lo que mis lectores esperan es una interpretación informada, sincera, honesta, directa y, sobre todo, independiente e imparcial de la acción del mercado. Buscan un constante golpe de tambor que reitere los sólidos principios de la especulación con éxito. En este sentido, somos como niños. Necesitamos una repetición constante de los principios de la especulación. La memoria humana es corta. Si no se nos repite lo suficiente, lo olvidamos. Si mis lectores quieren realmente literatura, estoy seguro de que hay un montón de grandes obras a su disposición en el mercado. Nadie busca un escrito premiado. Lo que se necesita son reglas repetitivas para perder poco en los mercados malos y ganar mucho en los buenos".

Al ver mi vacilación, continuó: "¿Por qué no consultas la idea con la almohada? Llévate estas cajas a casa. Repasa las notas que encontrarás en estas cajas. Tómate el fin de semana para considerar todos los ángulos. Háblalo con tu encantadora esposa y luego toma tu decisión. Si decides seguir adelante, me gustaría pasar unas horas contigo repasando algunas lecciones sencillas de los mercados. Creo que te ayudará a ceñirte a los primeros principios de la especulación, que es en lo que mis lectores confían mucho".

Fue entonces cuando me di cuenta de que la perspicacia y las lecciones de Boyd me ofrecerían la simple genialidad de un especulador de éxito. Le pedí que, aunque no aceptara el trabajo, tuviera la amabilidad de pasar los siguientes días y dejarme entrar en algunas de sus operaciones de mercado. Lo que yo sabía no era nada comparado con lo que él sabía de los mercados. Aceptó con la cabeza.

Tras unos minutos de conversación sobre su salud y el sombrío pronóstico, se levantó para comunicarme que había terminado conmigo por esa mañana. Nos dimos la mano. Era media mañana y me dirigí a casa. Mi coche estaba lleno de cajas de Boyd.

Conduje de vuelta a casa sumido en mis pensamientos. Esto era pesado. Era mucho para mí en una mañana. Llegué a mi garaje y empecé a llevar las cajas una por una a mi oficina. Tenía una oficina pequeña pero eficiente en casa. Una vez que descargué las cajas, el despacho empezó a parecer un armario abarrotado.

Pasé el fin de semana repasando algunos de los mejores años y algunos de los peores años en cuanto a las ganancias obtenidas por el índice S&P 500 en el pasado reciente. Descargué los datos del S&P500 de Internet. Saqué los registros de los años correspondientes de las cajas de Boyd. Tomé algunas notas. Observé con gran interés que durante los mejores años mostrados por el S&P 500, Boyd se había forrado en el mercado. Y durante los peores años absolutos, Boyd no había operado en absoluto y no había perdido nada.

Aquella noche de domingo entablé una conversación detallada con mi mujer sobre Boyd, su mala salud y su propuesta. Necesitaba una opinión objetiva, inteligente e intuitiva de alguien en quien confiara y que me conociera bien.

Era más de medianoche, mucho más allá de mi hora de dormir. Había tomado una decisión. Entré en mi despacho, envié un correo electrónico a Boyd y acepté su oferta de ocuparme de escribir su comentario. Sabía que revisaba sus correos electrónicos a primera hora de la mañana. Era demasiado tarde para llamarle. Supuse que quería una respuesta mía lo antes posible, así que un correo electrónico era la mejor manera de comunicarse con él.

Hacía tiempo que había aprendido que los recipientes vacíos hacen mucho ruido. En el mercado, los fanfarrones y los que se jactan de serlo no suelen ser los que tienen éxito. Los que realmente tienen éxito son los silenciosos y anónimos. Y Boyd era uno de los operadores más exitosos, anónimos y silenciosos.

Sabía que iba a aprender mucho sobre la especulación con éxito de un experto. Dependía de mí hacer un buen uso de la información. Las herramientas estarían a mi disposición al alcance de la mano. La forma en que me disciplinara y utilizara las reglas de la especulación determinaría mi éxito en el mercado. Pero tenía que mantenerme centrado para conseguir los resultados. Estar centrado y evitar desviarme de la ruta iba a ser el mayor reto.

Resumen:

El especulador minorista medio no tiene ninguna posibilidad de superar la gran maquinaria de la calle. En Street trabajan algunos de los mejores, los más brillantes, los más educados, los más capacitados, los más inteligentes y los más experimentados. Por ello, la mejor manera de estar "dentro" de la gente más informada es seguir su acción. Ellos actúan basándose en toda la investigación exhaustiva que realizan. Y dicha acción se muestra claramente al operador de mercado diligente y paciente a través de la acción del precio y el volumen en los índices principales junto con la acción del precio y el volumen en las acciones principales. Una vez que se aprende a descifrar la acción del precio y el volumen, se ha iniciado el camino de la especulación con éxito.

CAPÍTULO 2

¿SE PUEDE APRENDER A ESPECULAR?

A la mañana siguiente, mientras leía los periódicos, recibí una llamada de Boyd. Me dio las gracias por aceptar su oferta. Deseaba empezar a trabajar en el avance de las cosas inmediatamente. Su tiempo era limitado y no iba a correr ningún riesgo. Quería que me reuniera con él una vez más para desayunar. Hizo que el desayuno fuera diario durante los días siguientes. Fue durante estos desayunos que recibí el regalo del conocimiento de uno de los especuladores más exitosos de mi tiempo. Y como la mayoría de los especuladores de gran éxito, Boyd era un artista. Había dominado el verdadero arte de la especulación.

Una de las primeras preguntas que le hice a Boyd aquella mañana fue si la especulación se puede aprender. Respondió que se puede aprender y que debería aprenderlo cualquiera que se aventure en los mercados. Sin reglas específicas y firmes de especulación, los seres humanos están condenados a fracasar en su búsqueda de riquezas en los mercados financieros. Le pregunté cómo había aprendido el arte de la especulación porque sé que la especulación es un arte y no una ciencia. Y le pedí que explicara cómo la especulación, el arte, es confundida por los novatos como ciencia. Boyd dijo: "La ciencia se basa en hechos y teoremas probados antes de llegar a una conclusión definitiva. La especulación se basa primero en la observación y luego en la ejecución o la actuación basada en los hechos observados, teniendo en cuenta únicamente la probabilidad del resultado. Y cada acción posterior se basa en el resultado de la acción anterior. Y nada es concluyente en el arte de la especulación. Me costó años de experiencia y aprendizaje a través de las pérdidas para entender que la especulación es un arte".

Yo le pedí que se explayara un poco porque no me quedaba muy claro lo que estaba diciendo. Así que dijo: "Tomemos la ciencia, por ejemplo. Newton observó que la manzana caía del árbol. Luego observó y constató que todos los objetos caen hacia la tierra cuando son lanzados hacia arriba en el aire. Después de confirmar que todo vuelve a la tierra, concluyó que la tierra tiene una atracción gravitatoria y que los objetos físicos volverán a la tierra. Concluyó con certeza científica que la tierra tiene una atracción gravitacional. Eso es ciencia. Nadie puede discutirlo".

"La especulación, en cambio, es un arte. No hay certeza en la especulación. De hecho, hay una incertidumbre absoluta en la especulación y la incertidumbre absoluta es la única certeza para un especulador de éxito. Por lo tanto, no puede ser una ciencia. Si fuera una ciencia, deberíamos tener un gran nivel de certeza en su resultado. Sabemos que no es así. Basta con coger cualquier boletín de notas de todos los profesionales del mercado y se observará que solo el 10-15% de los participantes superarán las medias del mercado en cualquier año elegido al azar. Lo que significa que el 85% de las personas serán derrotadas por el mercado en cualquier año. El 85%

de posibilidades de que el mercado derrote al especulador demuestra que el éxito de la especulación no es una ciencia sino un arte".

"Si uno insiste en que la especulación es un proceso científico, entonces ha perdido incluso antes de entrar en el mercado. Es la mente humana la culpable de la muerte de la mayoría de las cuentas de trading. Para tener éxito en la especulación, lo primero y más importante es afrontar el hecho de que es un arte. Si uno busca reglas y resultados científicos, debe ceñirse a lo académico y a la investigación. Un científico nunca debería ejecutar una operación porque la ejecución de una operación solo ofrece uno de los dos resultados. Una operación ganadora o una operación perdedora. Y dado que el 85% de las operaciones realizadas en el mercado tienen una rentabilidad inferior a la media del mercado, las probabilidades de una operación ganadora realizada con ciencia pura son muy bajas. Un científico debería ser capaz de apreciar las probabilidades más que la mayoría y con probabilidades como estas, nunca haría una operación".

"El mayor inconveniente de un enfoque científico del mercado es que no tiene ninguna protección si uno se equivoca. Un enfoque científico tiene inherentemente una certeza en su resultado. Como resultado, un científico realizará una operación y no tendrá una compensación en el caso de que la operación resulte ser errónea y lleve a una pérdida. En otras palabras, como un científico está seguro del resultado de la operación, nunca colocará una operación de compensación para liquidar la posición si la operación empieza a perder".

"Un especulador o el artista, permitirá el hecho de que podría estar equivocado. Y si se equivoca, tiene que eliminar la posición con pérdidas rápidamente y buscar una operación posterior para colocar la operación correcta. Un especulador observa primero el mercado y los valores individuales para ver si se ve una tendencia confirmada. Hasta que no pueda observar una tendencia confirmada, no colocará una operación".

Interrumpí a Boyd y le pedí que me explicara qué quería decir con una tendencia confirmada. Yo sabía reconocer una tendencia cuando la veía. Pero Boyd tenía una forma de explicar las cosas que hacía que lo complejo pareciera sencillo. Yo, en cambio, tenía problemas con las palabras. Y él demostró la facilidad con la que explicaba asuntos sobre el mercado al decir: "Una tendencia es algo que se mueve en una dirección claramente. Una tendencia alcista es un mercado que se mueve hacia arriba. Una tendencia bajista es un mercado que se mueve hacia abajo. Pero los mercados no se mueven hacia arriba o hacia abajo en línea recta. Sin embargo, en una tendencia alcista confirmada, el mercado sube un poco y luego reacciona y baja un poco. Pero el movimiento hacia abajo o la reacción es menor que el primer movimiento hacia arriba. Luego vuelve a subir. Esta vez sube hasta un punto mucho más alto que el máximo que hizo la vez anterior. Entonces reacciona y vuelve a bajar. Pero el movimiento a la baja llega a un punto que es mucho más alto que el punto más bajo durante el último movimiento a la baja. En esencia, estamos viendo una serie de máximos y mínimos más altos. Esto es una tendencia alcista confirmada. Una tendencia bajista funciona exactamente al revés. Una tendencia bajista confirmada es cuando una serie de máximos y mínimos más bajos están siendo fijados por el mercado o la acción".

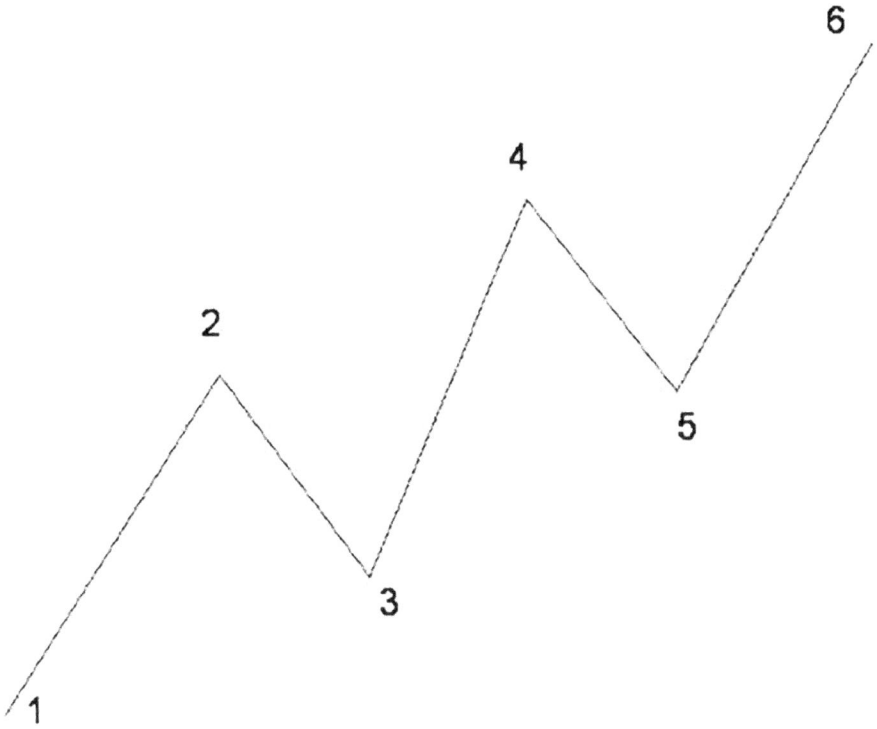

Figura 1. Una tendencia alcista confirmada

1 = mínimo más reciente

2 = un máximo a corto plazo fijado por una acción con tendencia alcista

3 = a reactionary low pegged in response to the high pegged at point 2 4 = nuevo máximo superior por encima del máximo anterior del punto 2

5 = un mínimo de reacción al máximo más reciente en el punto 4

6 = un nuevo máximo más alto

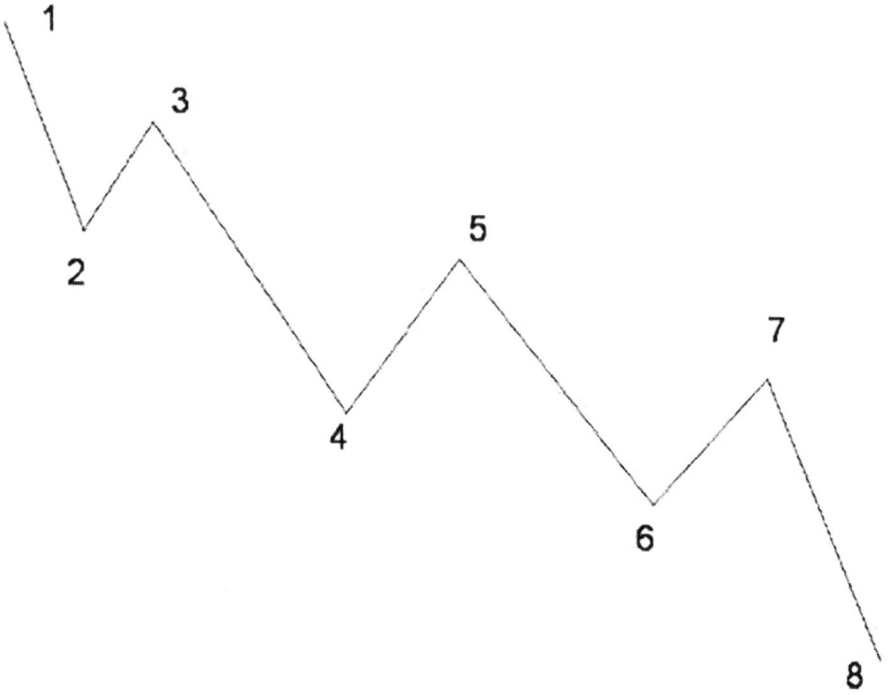

Figura 2. Una tendencia bajista confirmada

1 = máximo más reciente

2 = un mínimo a corto plazo es fijado por un valor con tendencia a la baja

3 = se fija un máximo de reacción en respuesta al tramo bajista del punto 1 al punto 2

4 = un nuevo mínimo más bajo es fijado como continuación de la tendencia bajista

5 = un máximo de reacción es inferior al máximo anterior en el punto 3

6 = se fija un nuevo mínimo inferior

7 = el máximo de reacción vuelve a ser inferior al máximo anterior en el punto 5

8 = continuación de la tendencia bajista

"El ciudadano medio que entra en el mercado ni siquiera sabe quién es. No tiene ni idea de si es un operador, un inversor, un jugador o un especulador. Con toda probabilidad, no ha dedicado ni un segundo a averiguar cuál es su propia personalidad. No ha dedicado ningún tiempo a entender cómo va a abordar el mercado y sus trampas. ¿Es un jugador? Un jugador actuará sin tener en cuenta las probabilidades de ganar. ¿Es un inversor? Un inversor, por definición, es alguien que busca una tasa de rendimiento garantizada en sus inversiones. Dado que el mercado de valores no ofrece una tasa de rendimiento garantizada, un inversor no tiene cabida en el mercado de valores. ¿Es un operador? Si es un operador, entonces debe ser del tipo que entra por unos pocos puntos de scalper y sale. De nuevo, con las probabilidades en contra de cualquiera que batee más de 0,500, un comerciante no tiene ninguna posibilidad de ganar año tras año, ciclo tras ciclo. Pero no es sorprendente que la maquinaria de Wall Street siempre hable en términos de inversores y comerciantes. Nunca he oído a la calle hablar de apelar a los especuladores. Esto se debe a que todo el mundo sabe que el especulador solo asumirá sus compromisos cuando las probabilidades le favorezcan. Ese enfoque no puede ser fomentado por los iniciados, ya que eso no les ayudará a descargar sus acciones a compradores dispuestos en el momento adecuado".

Boyd continuó: "Un especulador no asumirá compromisos hasta que haya visto claramente al menos una serie de máximos más altos para confirmar una tendencia alcista o una serie de mínimos más bajos para confirmar una tendencia bajista. Yo lo llamo un zig o un zag. Necesito ver al menos un zig o un zag para probar el comienzo de una tendencia. Y una vez que veo un zig o un zag, llegamos al primer paso. Que es exactamente lo que el especulador ha observado ahora. Ahora, el segundo paso es calcular el tiempo de su primera operación. No solo tiene que calcular el tiempo de su operación, sino que también debe gestionar su dinero de manera que, si se equivoca en su interpretación basada en su observación, pierda pequeñas cantidades. En este primer momento, el especulador no busca hacer una fortuna. Solo intenta confirmar si está en sintonía con el mercado. Así que empieza a utilizar sus técnicas de gestión del dinero. Hablaré más sobre la gestión del dinero en los próximos días".

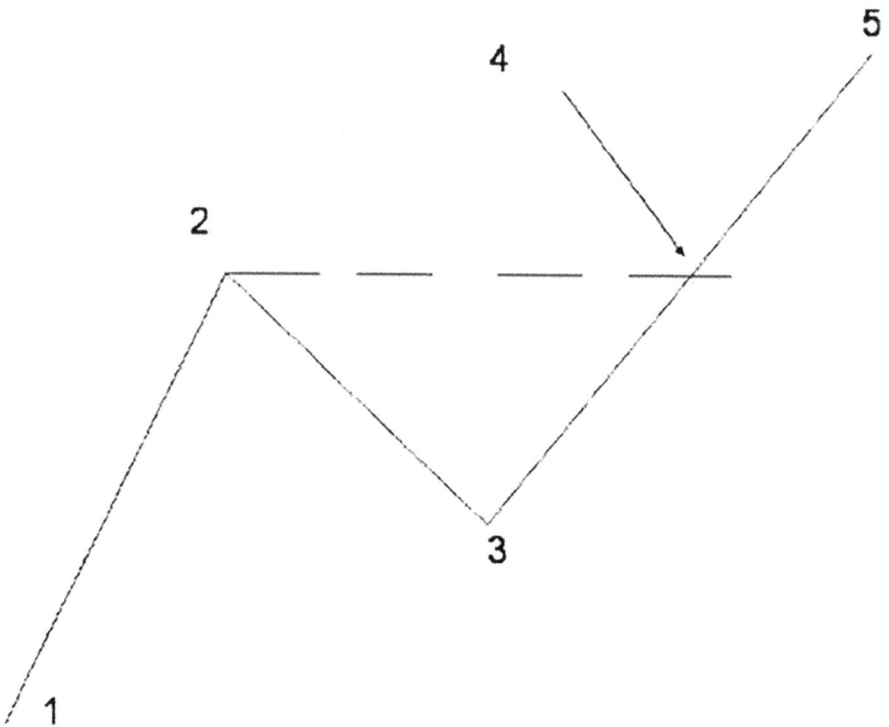

Figura 3. Un zig que muestra una potencial tendencia al alza

1 = tendencia alcista anterior

2 = máximo más reciente

3 = mínimo de reacción al máximo más reciente

4 = al superarse y despejarse el punto máximo fijado en el punto 2, puede haberse iniciado una posible nueva tendencia alcista

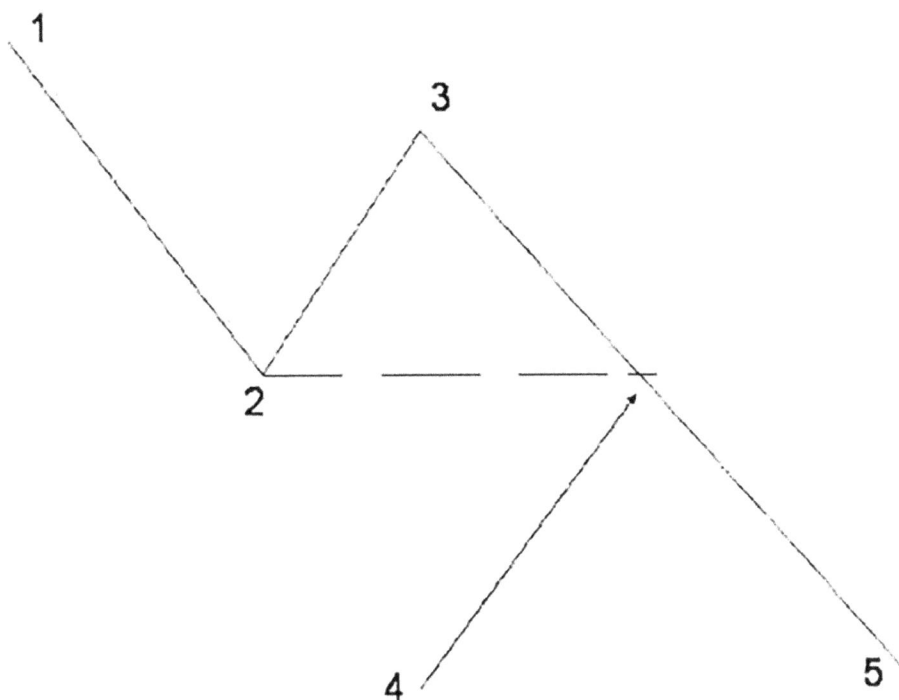

Figura 4. Un zag que muestra una posible tendencia a la baja

1 = tendencia anterior a la baja

2 = mínimo más reciente

3 = máximo de reacción al mínimo más reciente

4 = cuando el nuevo punto mínimo fijado en el punto 2 es penetrado a la baja, puede haber comenzado una nueva tendencia bajista potencial

"Creo que lo que quiero que se lleven de la charla de hoy es que un especulador observará primero la acción del mercado y de las acciones. Tras la observación, interpretará lo que ha observado. Y una vez que interpreta el mercado y la acción de las acciones, ejecutará una operación. Pero siempre ejecutará sus operaciones con la protección contra las pérdidas y la aceptación de que la interpretación puede ser errónea. No ejecutará su segunda operación hasta que su primera operación le demuestre que su interpretación era correcta. De ahí en adelante, cada acción subsiguiente se basa completamente en el resultado del movimiento anterior. Sí, hay un grado de subjetividad en lo que el especulador interpreta. Como he dicho, es un arte y no una ciencia. Una vez que interpreta la acción del mercado y de la acción, coloca una operación. Por si no lo sabía, la palabra "especulación" viene de la raíz latina "speculari", que significa observar o espiar. La observación y la interpretación de los movimientos observados son los primeros pasos. Lo veremos todo paso a paso. Pero por hoy, tengo que parar aquí porque me siento un poco cansado".

Y se levantó para marcharse. Para ilustrar el punto sobre las tendencias al alza y a la baja y los zigs y zags, había dibujado inconscientemente unas líneas en una hoja de papel. Cogí la hoja de papel con sus ilustraciones y la coloqué en mi bloc de notas. Quería ver las operaciones del mercado desde el punto de vista de Boyd. Así que tuve mucho cuidado de tomar notas con mucho detalle.

Resumen:

La especulación es un arte. La especulación implica tres pasos. Observación, interpretación y acción. El especulador primero observa el mercado y los valores principales en busca de pistas. A continuación, interpreta los acontecimientos observados. Una vez que su interpretación le lleva a creer que las probabilidades de ganar son al menos iguales o mejores que las de perder, pasa a la acción. Un especulador siempre buscará señales del mercado y no de los humanos. Un especulador de éxito sitúa sus acciones en función de las probabilidades y su segundo paso se basa en el éxito del primer paso. Y el tercer paso se basa en el éxito del segundo paso. Y así sucesivamente.

CAPÍTULO 3

PRIMERO, NO HAGAS DAÑO

En la versión moderna del juramento hipocrático hay una frase que dice: "Preveniré la enfermedad siempre que pueda, pues la prevención es preferible a la cura".

No hay mejor manera de explicar la regla de "primero, no hacer daño". Boyd lo llama su mantra. Esa mañana estaba más animado. Era otra gloriosa mañana de invierno en Arizona. Y su alegría pareció contagiarse a mí, ya que sonreí de oreja a oreja durante las lecciones de esa mañana.

Antes de continuar con nuestras discusiones esa mañana, Boyd dijo que deseaba hacer un descargo de responsabilidad. Dijo: "Lo que discuto aquí es algo que ha funcionado para mí. No puedo decir que funcione para todo el mundo. Es el único método que he encontrado que me funciona. Mi método se parece mucho a la democracia libre. Es un sistema pésimo. Pero seguramente supera a todos los demás sistemas que he visto y probado. La belleza de mi forma de operar es que me mantiene alejado de los problemas en los mercados malos y me permite tener la mejor oportunidad de ganar a lo grande en los mercados buenos. Y lo he reducido a un enfoque sistemático en el que no se me pide que intente ser cerebral e intelectual. No se me pide que descifre fórmulas o métodos complicados. Todo se mantiene simple por la única razón de que soy un hombre simple. Odio las complejidades. Todo debe tener sentido común para mí".

"Los especuladores han existido desde las primeras épocas. Desde que existía cualquier tipo de mercado para el libre intercambio de bienes, servicios y alguna forma de moneda, los especuladores han existido. Ninguno de los primeros especuladores de éxito tuvo que recurrir a una fórmula mágica escupida por un ordenador ni tuvo que aprender nuevas matemáticas. En su nivel básico, la especulación con éxito sigue siendo la misma que en los días pasados. Sigue siendo la observación cuidadosa de la tendencia del mercado, la interpretación clara de los acontecimientos observados y la acción realizada con técnicas de gestión del dinero cuidadosas que se basan en las mejores probabilidades de ganar".

Le pregunté por qué llamaba a esto un descargo de responsabilidad. Su respuesta fue que los seres humanos son animales curiosos. No tienen en ellos la capacidad de esperar años y años de aprendizaje mediante la práctica. A los humanos les gusta tener una respuesta inmediata para ganar mucho dinero en los mercados. La mayoría de la gente se niega a gastar el tiempo, los esfuerzos, la energía y el dinero necesarios para aprender y experimentar un método exitoso de especulación. En este sentido, los seres humanos se parecen mucho a los adolescentes. Tienen tanta prisa por crecer que cometen todo tipo de errores estúpidos. Como se dice, la juventud se desperdicia en los jóvenes. Del mismo modo, en los mercados, la precaución y la prudencia se desperdician en los novatos.

Boyd continuó: "Los humanos nunca escucharán las palabras de precaución de los especuladores experimentados y exitosos. Pero seguirán ciegamente y creerán una proyección alcista descarada ofrecida por una cabeza parlante llena de bombo y platillo. Si alguien viene y dice que su predicción es que el Dow Jones Industrial alcanzará los 20.000 puntos en 2007, no será sorprendente ver que una tonelada de lectores acudan a él. Entonces, cada vez que el mercado suba un poco, tendrá que afirmar que es el comienzo de la tendencia que llevará al Dow Jones Industrial hasta los 20.000. Que el Dow Jones Industrial llegue o no a esa cifra es irrelevante. Todo lo que tiene que hacer es seguir afirmando en cada rally que es el comienzo del verdadero movimiento. Y el público crédulo seguirá tragándose la píldora porque no quiere perderse el percibido gran movimiento que se avecina. Pero si se ofrece lo obvio y la verdad de que para que el Dow llegue a los 20.000 desde sus niveles actuales, los Industriales tienen que duplicarse en 2 años, la mayoría de la gente hará la vista gorda".

"La mayoría de los servicios de la calle ofrecerán al público lo que quiere oír. Después de todo, ¿cuántos de nosotros pagaremos un servicio para escuchar algo que no creemos que vaya a suceder? ¿Cuántos pagarán para escuchar cautela y, tal vez, incluso malas noticias? Si el lector acude al mercado en busca de riquezas, ya se ha formado en su mente la conclusión de que el mercado ofrece riquezas. Ya ha telegrafiado que tiene fondos ociosos que desea poner en uso o que tiene fondos que desea poner en riesgo. Una vez que un ser humano ha llegado a la decisión de que el mercado es el lugar donde se obtienen buenos rendimientos, ha confirmado su tendencia obvia de que cree que los precios van a subir. Tratar de convencerle de que no es así es una temeridad. Ya que eso solo significaría que la mente humana, una vez convencida, tiene que aceptar primero que estaba equivocada.

Y, en segundo lugar, tiene que aceptar que no existe la posibilidad de las riquezas percibidas que había visto".

"Lo más importante es que todos los planes que el ser humano tenía de gastar las riquezas que iban a ser suyas en el mercado se han desvanecido. Esto es demasiado para cualquier ser humano. Psicológicamente, esto es casi imposible de comprender para un ser humano. Como resultado, buscará activamente aquellos servicios que le den la razón y apelen a sus sueños de riqueza desde el mercado".

Y continuó: "Imagina que tienes 100.000 dólares en el banco. Supongamos que está ganando un 2-4% dependiendo del entorno de los tipos de interés. Pero se trata de un 2-4% seguro que se va acumulando. Entonces ve que el índice bursátil más seguido ha subido un 5% en un mes. Y ves que un par de acciones se mueven un 10-30% en un mes. Y de repente escuchas a todos los expertos hablar de un gran mercado alcista que está sobre nosotros. El gran ruido es de repente cómo la economía está a todo vapor. Vemos y oímos todo el revuelo y los rumores en los medios de comunicación. Internet está lleno de expertos en la materia. Todo el mundo da su opinión sobre el mercado. Todo lo que se oye es que el mercado está por las nubes. Añada un par de grandes informes de beneficios de un par de empresas. De repente te sientes inadecuado y te sientes como un tonto por aceptar una rentabilidad anual del 2-4%. Piensas para ti mismo que es una tontería estar perdiéndote una rentabilidad tan grande. Y entonces, amigo mío, el desastre es tuyo".

"He estado en unos cuantos ciclos, como sabes. Empecé justo después de la caída de 1929. Y, chico, mi tiempo fue horrible. Entré justo cerca de la cima en 1929 y monté el ascensor hacia abajo durante tres años. Y cuando el mercado alcista reaccionario comenzó en 1932, no tenía dinero.

Fue en 1936 cuando gané y ahorré algo de dinero y ya estaba listo para el mercado una vez más. ¿Y adivina qué pasó? El mercado bajista de 1936 a 1940 me golpeó. A principios de la década de 1940, yo estaba devastado. Pero las lecciones que aprendí entonces me han hecho llevar una vida muy cómoda desde entonces, ya que nunca he perdido más que una cantidad insignificante de lo que he ganado en los mercados. He sido capaz de extraer grandes cantidades del mercado sin devolver más que unos pocos centavos por dólar. Pero fueron necesarias las grandes pérdidas durante los diez años de la década de 1930 para que aprendiera las lecciones. Puedo garantizarle que nadie aprende las lecciones a menos que pierda la camisa. Y una vez que se pierde la camisa, solo puede haber uno de dos caminos. La mayoría se alejará para no volver jamás. Un porcentaje muy pequeño tomará las duras lecciones aprendidas y las convertirá en su ventaja durante los siguientes ciclos".

"La mejor lección que he aprendido es confiar en mí mismo y no en nadie más. Lo que observo, lo que interpreto y las acciones que tomo basadas únicamente en mi interpretación me han demostrado que sé un poco sobre los mercados. Y la única entidad que nunca me ha dirigido mal es el propio mercado. Mi interpretación del mercado ha sido más acertada que errónea. Y esa ha sido la clave del éxito".

Le pregunté a Boyd cómo había llegado a su regla de "primero, no hacer daño". Dijo que los años y años que tardó en recuperar sus pérdidas le enseñaron que lo que se pierde en un año puede tardar décadas en recuperarse. Si uno puede evitar esas pérdidas devastadoras, la batalla está ganada desde el principio. Para ilustrarlo, elaboró algunas cifras y dijo: "Tomemos nuestra cuenta de ejemplo que tenía 100.000 dólares para especular en el mercado. Si la cuenta perdió un tercio de su valor y bajó a 66.666 dólares, la cuenta tiene que recuperar 33.333 dólares para alcanzar el punto de equilibrio. Eso significa que la cuenta tiene que ganar 33.333 dólares sobre 66.666 dólares o una rentabilidad del 50% solo para alcanzar el punto de equilibrio".

"¿Sabes lo difícil que es para una cuenta que cometió errores y terminó con un %33 de pérdidas, dar la vuelta y eliminar todos los errores y, además, hacer algunos grandes movimientos para obtener un %50 de retorno de la inversión? De hecho, lo que suele ocurrir es que una cuenta que perdió un tercio en un año, aprende algunas lecciones y vuelve a perder al año siguiente. Pero las pérdidas del segundo año serán probablemente menores que la pérdida del %33 experimentada el año anterior. Es un proceso de aprendizaje. La cuenta pierde una cantidad cada vez menor año tras año hasta que empieza a ganar dinero. Y empieza a obtener pequeñas ganancias antes de poder obtener grandes ganancias. Como he dicho, es un largo proceso de aprendizaje. Y tarda años en recuperarse y volver a estar en equilibrio. Por otra parte, si una cuenta solo perdió el 5% y pasó de 100.000 a 95.000 dólares, solo tiene que ganar 5.000 dólares en una inversión de 95.000 dólares para recuperarse. Esto es un poco más del 5% de ganancia que se necesita para alcanzar el punto de equilibrio. Al no perder, uno puede ahorrarse años y años de agonía, trabajo duro, dolor y noches sin dormir. No perder vale muchos años de aprendizaje en los mercados".

"La mayoría de los que entran en el mercado empezarán perdiendo. No me refiero a que su primera ejecución de operaciones sea perdedora. Me refiero a un ciclo completo. Un ciclo completo significa un ciclo completo de tendencia alcista y un ciclo completo de tendencia bajista. La mayoría de la gente saldrá en la columna negativa después de su primer ciclo completo, asumiendo que uno fue capaz de mantenerse a flote o líquido durante todo el tiempo de un ciclo completo. La mayoría perderá mucho antes de completar un ciclo completo. El ocasional novato que empieza ganando a lo grande acaba devolviéndolo todo al terminar el ciclo".

"Después de uno o dos ciclos, los que perseveran y tienen el valor de intentar estudiar el mercado y, lo que es más importante, entender su funcionamiento, aprenderán a obtener pequeñas ganancias iniciales. Con el tiempo y más experiencia, estudio y disciplina, finalmente el participante se gradúa como especulador. Si se añade más tiempo, experiencia, disciplina y paciencia, de repente el especulador alcanza la categoría de maestro especulador. Después de todos los años de aprendizaje, un maestro especulador llega a comprender la simplicidad y las complejidades del mercado. Aprende a mantener su plan de ejecución simple y acepta que el mercado es muy complejo".

En este punto le hice a Boyd una serie de preguntas sencillas. Le dije: "Sabes, mis experiencias con el público han sido mixtas. O aman mi franqueza o la odian. No hay un término medio. He descubierto que cuando simplifico las acciones del mercado y hablo en términos de probabilidad de ganancias, lo entienden o no. De nuevo, no hay término medio. ¿Cómo expresas tu opinión sobre el mercado sin hacer olas con tus lectores?"

Boyd sonreía. Como he dicho, esa mañana estaba de un humor más alegre. Dio un sorbo a su café, pensó un momento y respondió: "Sé exactamente lo que dices. He visto ciclos y ciclos de auges y caídas desde la década de 1930. Y tratar con los mercados es tan bueno como tratar con las personas, porque el mercado no es más que personas que compran y venden acciones entre sí. Es la suma total de todo tipo de personas que interactúan entre sí. Observar el mercado no es más que observar a la gente. El inconveniente para mí es que no soy una gran persona".

"Sin embargo, he sido bendecido con el don de observar e interpretar correctamente el mercado. Bueno, retiro lo dicho. Acierto más de lo que me equivoco. Y siempre me acerco al mercado con la plena conciencia de que puedo estar equivocado en mi interpretación de la dirección del mercado. El hecho de que no esté en lo cierto todo el tiempo me dice que el dinero inteligente o la gente más inteligente no está de acuerdo conmigo todo el tiempo. Que es más o menos lo mismo que dijiste cuando sugeriste que la gente o amaba tus escritos o los odiaba. Eso es lo que hace el mercado. O se tiene razón o no se tiene. Cuando tienes razón, la gente que está equivocada no ve las cosas como tú. Cuando te equivocas, la gente que tiene razón no verá las cosas a tu manera. En consecuencia, no debería sorprenderle en absoluto la acogida que tienen sus escritos".

"Compradores y vendedores se unen para establecer el precio de una acción. Los compradores compran porque creen que los precios serán más altos. Los vendedores venden porque prevén precios más bajos. Obviamente, solo un grupo va a tener razón. No es posible que tanto los compradores como los vendedores tengan razón al mismo tiempo durante un periodo de tiempo prolongado. Si los compradores tienen razón, los precios subirán. Si los vendedores tienen razón, los precios bajarán. El mercado es muy sencillo. Nosotros, los humanos, lo complicamos al tratar de descubrir un sistema para vencer al mercado. En cambio, si solo nos centramos en estar en sintonía con el mercado, la vida será mucho más fácil".

"Intentamos buscar una respuesta mágica para encontrar el oro al final del arco iris. Y tratamos de encontrar un arco iris todos los días de la semana, cada semana del año, año tras año. Olvidamos que el arco iris no aparece todos los días de la semana. La maquinaria de Wall Street, formada por los informadores, los boletines de noticias alcistas, los corredores de bolsa, los rumorólogos, los agentes de los informadores, etc., trabajan individualmente y en conjunto para convencernos de que el arco iris se produce todos los días. Hay que esperar a que el arco iris se desarrolle. Se requiere paciencia y la capacidad de no hacer nada".

"La lección más difícil de aprender es esperar y no hacer nada. Esperar a que se den las condiciones adecuadas y se confirmen las mejores probabilidades de ganar no es posible para la gran mayoría del público. Wall Street dejaría de existir si toda la gente decidiera no comprar y limitarse a esperar días mejores. Eso sería el fin de Wall Street. Eso no puede ser aceptable para la maquinaria de vanguardia del capitalismo puro y duro. La maquinaria seguirá produciendo mucha información inútil, desinformación, bombo y platillo, rumores, etc., para seguir atrayendo un flujo continuo de compradores independientemente de las condiciones imperantes. Todos los días hay una venta disponible. No se ha encontrado ni un solo corredor que diga a nadie en ningún momento las famosas palabras inexistentes en la jerga de los corredores: "No compres hoy. Espera a un día mejor". Estas palabras no existen en el vocabulario de Wall Street".

No me sorprendió que Boyd pudiera explicar las cosas de una manera única. Tenía ese don. Así que decidí seguir con el asunto y le pregunté: "Sé que no tengo que preocuparme por educar a tus lectores. Son personas expertas como tú que llevan tiempo en el mercado y conocen bien el juego. ¿Qué sugieres que tenga en mente, si es que hay algo, para no perder la concentración? No estoy tan versado en los trucos del mercado como tú. A nivel básico y bajo la regla de "lo primero es no hacer daño", ¿qué pensamientos específicos puede añadir que me sirvan? Me conoces bien y quizás haya algo que puedas añadir para ayudarme a ser más disciplinado".

Pensó durante un segundo y dijo: "Creo que eres bastante disciplinado tal y como eres. Lo único que puedo añadir es que debes tener en cuenta que la bolsa no es más que un juego de búsqueda del tesoro. Si puedes tener eso en mente, estarás centrado y no te desviarás. La primera vez que utilicé el ejemplo de la búsqueda del tesoro para explicar el mercado a mi hija fue cuando era una niña. Me di cuenta de que hasta el día de hoy recuerda la explicación y fue capaz de comprender el funcionamiento del mercado a una edad en la que la mayoría ni siquiera sabe lo que es una tendencia".

"El mercado es un juego de búsqueda del tesoro. Todos los jugadores reciben una serie de pistas. Las pistas que se ofrecen a todos los jugadores son las mismas. Si se descifra correctamente, el primer conjunto de pistas llevará al participante a un segundo conjunto de pistas en el primer mojón. Entonces, si las pistas del primer punto kilométrico se descifran correctamente, el participante puede llegar al segundo punto kilométrico, donde habrá más pistas disponibles. Así, el participante que consiga descifrar las pistas correctamente pasará de un mojón a otro hasta llegar al tesoro. La rapidez y la exactitud con que se descifren las pistas determinarán quién conseguirá el tesoro. Entre las pistas ofrecidas, algunas serán pistas rojas y falsas destinadas a confundir a los jugadores. Y una vez más, los jugadores que puedan reconocer que estas pistas engañosas son pistas falsas serán los que tengan más posibilidades de conseguir el tesoro". "Entre los jugadores, habrá un grupo muy pequeño de jugadores realmente muy inteligentes que no tendrán problemas para leer las pistas correctamente. Descifrarán correctamente todas y cada una de las pistas a lo largo del camino hacia el tesoro y, al mismo tiempo, serán capaces de descartar las pistas engañosas. Estas personas inteligentes serán las que lleguen primero al tesoro y se llaman "dinero inteligente". Y luego habrá otro grupo muy pequeño de jugadores que descifrarán la mayoría de las pistas correctamente y cuando no sean capaces de descifrar las pistas engañosas o los indicios engañosos, se limitarán a seguir al "dinero inteligente" que acierta todo. Dado que este segundo grupo seguirá al dinero inteligente, éste tratará de engañar a sus seguidores mostrando algunas falsas pistas y sacudidas para sacudir a los seguidores. El tesoro es grande y hay suficiente para la mayoría de los que llegan allí más pronto que tarde. Muchos no llegarán nunca. Algunos llegarán tarde. El dinero inteligente llega primero. Y mucha gente del conjunto de seguidores del dinero inteligente también llegará, aunque con un ligero retraso respecto al dinero inteligente".

"En el mercado no es diferente. El dinero inteligente reconoce primero la tendencia y actúa en consecuencia. Entonces, el pequeño conjunto de seguidores seguirá con éxito al dinero inteligente y reconocerá la tendencia a continuación. La mayoría de los demás se perderán la mejor parte de la tendencia. Muchos llegarán tarde a la fiesta y solo estarán allí para las peleas que se producen al final de una larga fiesta".

"El mayor problema al que uno se enfrenta en el mercado es la necesidad de esperar a confirmar la tendencia. El error más común y costoso es saltar al primer indicio de una subida. En la estampida por ser el primero en identificar una tendencia, muchos acaban aplastados. Son los pacientes que esperan a las numerosas salidas en falso los que estarán en condiciones de hacer el movimiento cuando se inicie la verdadera tendencia. Se ha perdido mucho dinero por intentar ser el primero en identificar la tendencia".

"Lo que me atrajo de ti es el hecho de que tienes el valor de sentarte y no saltar por cada trampa y tentación que el mercado nos lanza. Es un arte perdido y muy pocos de los veteranos estamos para recordar a los jóvenes los peligros del mercado. Todo el mundo afirma que este es un nuevo mercado y que, por tanto, las nuevas estrategias y los nuevos modelos son más adecuados. He olvidado cuántas veces he oído eso desde mi adolescencia. Todos los ciclos de mercado traen consigo estas nuevas estrategias de mercado que supuestamente son capaces de vencer al nuevo mercado que ha cambiado. Pero el mercado nunca cambia porque las emociones humanas nunca cambian cuando se trata de dinero. No hay absolutamente nada nuevo en el mercado. Todos los trucos y sistemas se han probado antes de una forma u otra".

"Estoy aún más convencido de que eres una buena opción para mis lectores ya que lo llamarás como lo ves, sin pelos en la lengua. No importa si están de acuerdo contigo o no. Lo que quieren es una interpretación honesta y sincera de lo que observas en el mercado. Lo que buscan es la visión del mercado de un especulador. Pueden confirmar si tu interpretación es correcta o incorrecta por sí mismos mediante sus propias compras o ventas de prueba en el mercado. Si sus primeras posiciones ganan dinero, entonces el mercado demostrará que la interpretación llamada era correcta".

Continuamos discutiendo sobre algunos de los fundamentos del mercado y Boyd dio por terminada la discusión por esa mañana en ese punto. Tomé mis notas y me dirigí a casa. Fue el comienzo de unos días largos pero muy gratificantes para mí.

Resumen:

En primer lugar, no pierdas. No intentes ser el primero en ver la tendencia. La mayoría de las primeras señales son erróneas. Espera a que se confirmen las señales antes de comprometerte. Avanzar en el mercado es como un juego de búsqueda del tesoro.

CAPÍTULO 4

EN CASO DE DUDA, NO HAGAS NADA

Había empezado a anotar diariamente en mi diario todas las reglas y lecciones que ofrecía un maestro especulador. Volvía a casa después de mis desayunos con Boyd e inmediatamente sacaba las notas que había tomado y empezaba a escribirlas en mi ordenador portátil. Sabía que si no lo ponía en mi ordenador, no sería capaz de entender del todo las escasas notas que había anotado apresuradamente mientras Boyd hablaba. Si no ampliaba y colocaba los pensamientos en mi ordenador con prontitud, temía que mi corta memoria perdiera la información vital que me estaba dando.

Sabía muy bien que un buen porcentaje de lo que escribí probablemente seguiría sin tener sentido para mucha gente. Después de todo, la maquinaria del mercado había lavado el cerebro al público para que buscara acciones baratas, dinero fácil, ganancias rápidas, atajos y la sensación de superioridad. Y la genialidad de la maquinaria de marketing era dar a entender que el novato o incluso el autoproclamado profesional era muy inteligente. Y como era muy inteligente, entonces tomaría lecciones y cursos de toda la tecnología y los modelos matemáticos. A continuación, se le vende la idea de que la capacidad de utilizar palabras largas y una jerga que suena inteligente ayudaría de algún modo al crédulo a vencer al mercado. A todos los seres humanos nos gusta creer que somos más inteligentes que la multitud.

El genio de la máquina del marketing es alimentar nuestra necesidad de sentirnos inteligentes. Y una vez que nos convencemos de que somos más inteligentes que el común de los mortales porque estamos muy versados en la jerga tecnológica, supuestamente estamos en camino a la riqueza. Por supuesto, a lo largo del largo viaje a ninguna parte, nos venden más herramientas de vanguardia que nos ayudarán a vencer al mercado aún más. Y, como los cerdos que se dirigen a la matanza, caemos ciegamente en el sofisticado arte de la venta. El ciudadano de a pie que entra en el mercado sin ninguna experiencia o funcionamiento de la enorme maquinaria de Wall Street no tiene ninguna posibilidad.

Yo sabía que no era el más listo de todos. Pero había aprendido a través de mis propios años de experiencia en los mercados, tanto en acciones como en materias primas, que era lo suficientemente inteligente como para entender el juego. Había reconocido el panorama general y el funcionamiento global del mercado. Ahora sabía que el mercado siempre tiene razón. Y había aprendido que, como el mercado siempre tiene razón, no necesitaba nada más para tener éxito en el mercado, aparte de mi capacidad para observar la acción del mercado y luego interpretarla. Me había convertido inconscientemente en un especulador. Ni siquiera sabía cuándo se había producido la transformación. Se había producido lentamente a lo largo de muchos años, después de muchas pérdidas. Solo cuando Boyd definió lo que es un especulador, me reconocí como tal. Como se dice, "hace falta uno para reconocerlo".

Había llegado a un punto en el que era extremadamente exigente cuando entraba en el mercado. Podía esperar meses y meses sin que se ejecutara una operación. Ahora podía dejar de lado fácilmente las llamadas que recibía de los corredores de bolsa, de los informadores y de los rumorólogos que me daban bombo a la próxima gran cosa desde Cisco, Home Depot o Taser. Dejaba pasar todas esas grandes oportunidades para que otras almas desafortunadas pudieran ganar mucho dinero. Me interesaba más no perder. No me importaba perder una acción que nunca hubiera comprado en primer lugar. ¿Cómo puedo perder algo que no tengo? Por otro lado, odiaría perder en una acción que tuviera que comprar. Dado que solo compré cuando no pude encontrar una razón para no comprar, sería muy cuidadoso al colocar mis operaciones.

Esto me lleva a la segunda lección que Boyd trató esa semana. La llamó simplemente "cuando tengas dudas, no hagas nada". Sonaba bastante simple. Pero me había llevado años de grandes pérdidas para llegar a eso. Y aprendí de los diarios de operaciones de Boyd, donde registraba todas y cada una de las operaciones que había ejecutado, que había comprendido esta lección crucial solo después de las pérdidas de más de una década en la década de 1930.

Hay más información inútil y sin importancia en el mercado que información útil. El mercado está lleno de arenques rojos. Como sabemos, los arenques rojos se utilizan para confundir a los perros de caza desviándolos del rastro principal. No hay ninguna otra empresa en este planeta en la que haya más información inútil, falsa y engañosa que en la búsqueda de riquezas en la bolsa. Pero, por supuesto, la mayoría de la gente no lo sabe porque, como se ha dicho, a todos nos gusta sentir que sabemos más. En realidad, todos somos muy inteligentes, mucho más que el mercado. Esa sensación de saber más que el común de los mortales es flameada por la maquinaria a cada instante y empezamos a creerla firmemente.

Le pregunté a Boyd: "Oigo a la gente afirmar que no se puede cronometrar el mercado y que uno debe estar completamente invertido durante años y años para cosechar los beneficios de la bolsa. ¿Qué opina de eso?".

Me contestó: "Me cuesta aceptar esas tonterías. Si hubiera mantenido las acciones durante ciclos y ciclos de mercados alcistas y bajistas, habría tenido la increíble suerte de salir casi a flote después de décadas de estar totalmente invertido. La maquinaria quiere que la gente común siga comprando y comprando a través de tendencias alcistas y bajistas porque la maquinaria existe para vender acciones. Si no se encuentran compradores, la maquinaria tiene que dejar de existir y eso no es aceptable. Por lo tanto, continúa el lavado de cerebro de que el mercado no puede ser cronometrado".

"Si bien es imposible elegir el fondo absoluto y el tope absoluto de una tendencia significativa, definitivamente puedo captar la carne de un movimiento significativo. Durante esas tendencias significativas, las probabilidades de ganar mejoran sustancialmente y mis compras de casos de prueba me demuestran cuándo se producen esas probabilidades mejoradas. Una vez comprobado que las probabilidades han mejorado, puedo entonces exponer seria y deliberadamente mayores compromisos al mercado. Y sigo moviendo mis sell-stops a lo largo de una tendencia alcista y moviendo las acciones hacia arriba junto con su precio. De esta manera, en algún momento, cuando las probabilidades de continuar la tendencia comienzan a disminuir, mis sell-stops comienzan a ser golpeados y me sacan del mercado. Y por lo general las probabilidades comienzan a disminuir antes del final del movimiento de tendencia. Y puede que no sea capaz de alcanzar la cima, pero como he dicho, estoy contento con la parte media de un movimiento significativo. El hecho de que la gran mayoría no pueda lograr esto no significa que no se pueda hacer. Se necesita disciplina y un enfoque sistemático".

"Otro punto clave es recordar lo que decimos los veteranos: no dejes que el deseo se convierta en el padre del pensamiento. El hecho de desear que el mercado suba no debe convertirse en el pensamiento de que el mercado está subiendo. No vea lo que no existe. Busque señales confirmatorias. Y cuando no haya señales confirmatorias o haya dudas sobre la tendencia, no haga nada. El mercado es un genio a la hora de ofrecer señales falsas. Hasta que no pueda ver que la tendencia ha sido confirmada por los índices, así como por los principales valores de crecimiento joven, me resulta difícil colocar mis pequeños compromisos de prueba. Solo puedo obtener mis señales de los índices junto con los valores líderes. Si no consigo una confirmación, debo asumir que el mercado está lanzando una bola curva".

Resumen:

El deseo no puede ser el padre del pensamiento. No intentes ver algo que no existe. El hecho de que tengas fondos libres para colocar en el mercado no significa que el mercado esté dispuesto a ofrecerte oportunidades de ganancias.

CAPÍTULO 5

CÓMO ESPECULAR

La especulación tiene tres componentes. Observación, Interpretación y Acción. La forma en que Boyd cubrió todos y cada uno de los segmentos fue tan simple que fue difícil comprender por qué la mayoría de la gente no puede tener éxito en la especulación. Entonces ese pensamiento pasó rápidamente al reconocer que los fallos humanos que todos tenemos son los que causan más del 90% de nuestras pérdidas en el mercado.

La observación implica observar algunos de los aspectos básicos que se dan en el mercado. Los fundamentos se reducen a buscar una señal de cambio de tendencia o de cambio de condiciones. Cuando uno no está "dentro" del mercado, está sentado y esperando a "entrar". ¿Cómo determinar que la marea ha cambiado y es el momento de entrar? Ante todo, hay que partir siempre del punto en el que se está fuera del mercado. Nadie llega al mercado estando ya dentro. Aparte de un pequeño e insignificante afortunado que recibe una gran herencia, la mayoría de nosotros llegamos al mercado por voluntad propia. Sin embargo, al acercarnos al mercado hemos dado el primer paso de abrir una cuenta de trading en alguna empresa de corretaje.

Antes de embarcarnos en nuestra primera decisión de comprar o no comprar, debemos enfrentarnos a algunas de las preguntas básicas. Entre ellas, ¿qué tipo de cuenta tenemos? ¿Es una cuenta de margen? Si es así, ¿en qué momento la cuenta de margen utiliza el margen para comprar? ¿Empezará la cuenta a utilizar el margen desde el principio? ¿O podemos insistir en qué ejecuciones pueden utilizar fondos de margen? Esto es muy importante porque no podemos entrar en los fondos de margen desde el principio. Si no se aprende bien el funcionamiento, el préstamo (los fondos de margen son fondos prestados por el corredor) puede ser el primer culpable de la muerte de una cuenta de inmediato. Desde un punto de vista práctico, el margen no debe venir hasta que y a menos que uno pueda aceptar y vivir con las pérdidas en el margen que amplían las pérdidas rápidamente. Para conocer más sobre las normas de margen, uno debería dedicar primero unos minutos a hablar con su corredor de bolsa antes de pensar siquiera en abrir una cuenta.

Lo mejor es abrir una cuenta en la que el titular tenga plena autoridad para identificar qué operaciones pueden utilizar fondos de margen. Algunos corredores de bolsa no permiten que el titular de la cuenta dicte qué operaciones pueden realizarse con margen. Y acaban colocando cada operación en fondos de margen (si la acción es apta para el margen). Esa es una forma peligrosa de trabajar con un corredor. Todas las decisiones sobre todo lo que hay en la cuenta deberían recaer siempre en el titular de la misma.

Una vez creada la cuenta de trading, el trabajo del broker es comercializar con nosotros todos los servicios que tienen. Nos ofrecerán tarifas especiales si operamos con más frecuencia. Se nos ofrecerá una "investigación en profundidad" y la "opinión del gurú del mercado". Se nos ofrecerá "orientación". De repente, la cantidad de "ayuda" disponible para nosotros es inimaginable. Somos el mejor amigo de todo el mundo y recibimos todo tipo de "cosas gratis".

Boyd siempre decía que tenía que desarrollar un desapego y una distancia para no escuchar a los corredores y a los conocedores del mercado. Para ello, rechazaba toda aportación de los iniciados. Cualquiera que tuviera siquiera una apariencia de conflicto con el pensamiento, "¿puede decirme que me quede en el efectivo?", era un insider. Si alguien no podía decirnos que nos quedáramos quietos y no gastáramos nuestro dinero, entonces probablemente era un insider. Se trataba de una simple pantalla. Si alguien no podía decirnos a la cara "no hay nada bueno que comprar ahora mismo y hay que esperar a que mejoren las condiciones", entonces la bandera roja debería encenderse para indicar que esa persona es una persona con información privilegiada y lo más probable es que haya un gran conflicto de intereses. Boyd había desarrollado un sencillo sistema para mantenerse alejado del ruido. Nunca veía la televisión, nunca leía los informes de las acciones, nunca escuchaba las calificaciones ni a los analistas, nunca prestaba atención a lo que decían los demás y solo prestaba atención a las acciones líderes y a los índices del mercado. Su opinión era, como ya se ha dicho, que "el mercado es el único que siempre tiene razón". Todos los demás se equivocan la mayor parte del tiempo y aciertan solo ocasionalmente.

Tener una cuenta abierta con un broker no significa que haya que actuar inmediatamente. De hecho, hay que empezar a observar el mercado durante algún tiempo. La observación es mejor en los gráficos. A algunas personas no les sirven los gráficos y otras juran por ellos. Como todas las cosas en la vida, la verdadera utilidad está en algún lugar entre los dos extremos. La única importancia de un gráfico es que muestra lo que el mercado y las acciones han hecho en el pasado reciente. Nos ayuda a averiguar si los índices o las acciones están subiendo, bajando o moviéndose pero sin llegar a ninguna parte. La observación es el primer paso de la especulación. Para observar cuáles son las condiciones actuales, hay que echar un vistazo a los gráficos para ver dónde estaban los índices y las acciones hace semanas, hace meses, hace años, etc. Si algo es visible en los gráficos diarios y semanales, las probabilidades de que lo que se observa esté ocurriendo realmente son mayores. Si algo es visible en los gráficos diarios pero no está claro en los gráficos semanales, entonces necesitamos más datos para ver lo que está pasando. Si algo no está claro, entonces asumimos que no está ocurriendo nada que merezca la pena exponer nuestros fondos a los mercados.

Con el fin de empezar a entender un cambio de tendencia, Boyd comenzó con los fundamentos simples. Una tendencia está vigente a menos que se invierta definitivamente. Si una tendencia alcista está en vigor, por ejemplo, sigue vigente a menos que se invierta con señales confirmatorias. Del mismo modo, una tendencia a la baja está en vigor y sigue vigente a menos que se invierta con señales confirmatorias. Si se trata de un mercado sin tendencia, se supone que seguirá vigente hasta que se establezca una tendencia firme con signos que la confirmen.

El mercado tarda en establecer una tendencia. Y se necesita tiempo para que la tendencia se invierta. Todo en el mercado lleva tiempo. Aprender lleva tiempo. Conseguir ganancias lleva tiempo. Incluso perder a lo grande lleva tiempo, porque el mercado ofrece de vez en cuando pequeñas migajas como ganancias para quitar el miedo e infundir esperanza, codicia y exceso de confianza. El gran golpe solo se produce después de asestar algunos golpes pequeños y significativos, pero resistentes.

Para observar un cambio de tendencia, deben producirse algunos acontecimientos básicos. Para simplificar, supondremos que estamos tratando de observar un cambio de tendencia desde una tendencia bajista actual a una nueva tendencia alcista invertida. Sabemos que una tendencia bajista es una serie de máximos y mínimos más bajos. Así que la primera señal sería un repunte desde el mínimo más reciente. Es una línea muy fina entre creer que cada repunte desde un mínimo reciente es una nueva tendencia alcista y permitir la posibilidad de que cada repunte desde el mínimo más reciente pueda ser la primera señal de un cambio de tendencia.

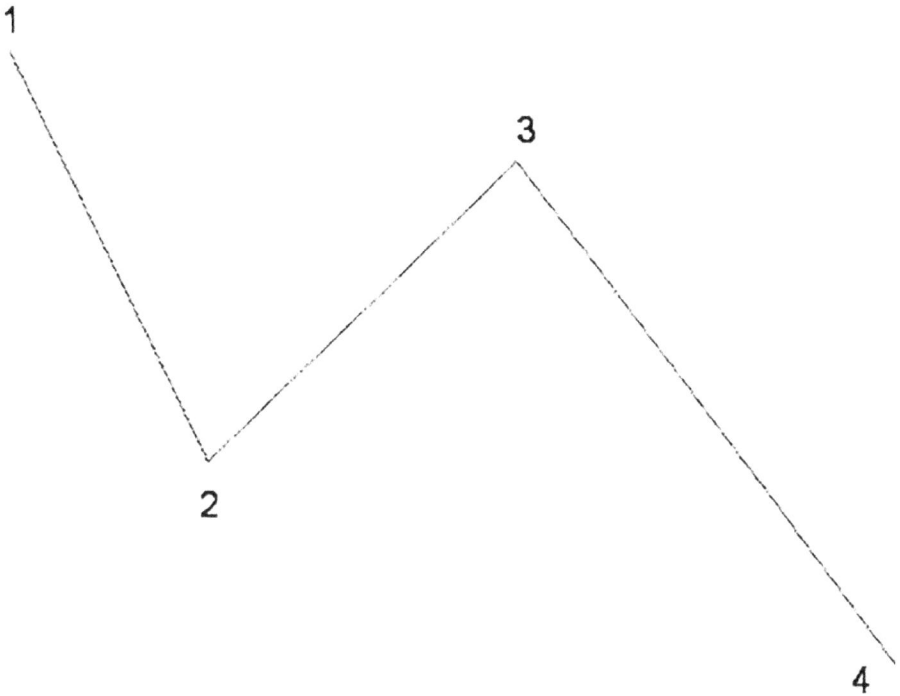

Figura 5a. Un mercado con tendencia a la baja

1 = tendencia anterior a la baja

2 = mínimo más reciente

3 = máximo de reacción al mínimo más reciente

4 = un nuevo mínimo inferior

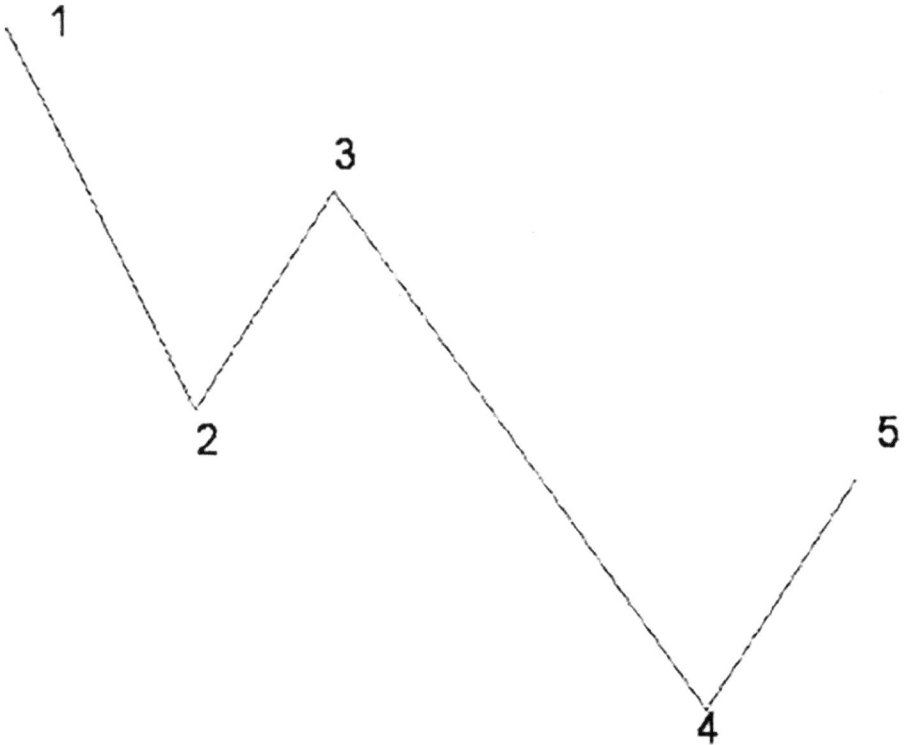

Figura 5b. Un posible cambio de tendencia puede o no estar a la vista

1 = tendencia anterior a la baja

2 = mínimo más reciente

3 = máximo de reacción al mínimo más reciente

4 = un nuevo mínimo más bajo

5 = un repunte desde el punto 4

Obviamente, la figura 5a es un mercado con tendencia a la baja. Supongamos que la figura 5a está potencialmente cerca del final de un mercado con tendencia bajista. Hemos discutido previamente que no todos los repuntes desde el mínimo más reciente son una tendencia alcista. Y también hemos discutido que mientras no se acepte que cada rally sea el comienzo de un rally, uno debe comenzar a observar el mercado y otras señales que confirmen un verdadero cambio de tendencia. Así que procedamos a la figura 5b. El repunte desde el mínimo del punto 4 podría ser, aunque aún está por demostrar, el inicio de un nuevo cambio de tendencia. Unos días después de que el punto 4 se haya fijado, supongamos que el índice se encuentra ahora en el punto 5 dentro de la figura 5b. Además de saber que se ha producido un rally de unos días, no hay mucho más que sepamos en este momento.

Pero como estamos observando, prestamos atención en este momento a los valores que están haciendo nuevos máximos, especialmente nuevos máximos históricos. Puesto que los verdaderos líderes de cualquier rally confirmado son los nuevos valores de crecimiento jóvenes que hacen nuevos máximos históricos, tenemos que centrarnos en los nuevos valores de crecimiento jóvenes y desconocidos para obtener una imagen clara.

En mi informe sobre la carrera de Taser, "La Acción Perfecta", había entrado en bastante detalle en la forma de trabajar de los iniciados en la calle. Pero, como había dicho antes, lamentablemente el mensaje se había perdido para muchos lectores. En el mercado, los grandes movimientos se producen en las nuevas y jóvenes empresas de vanguardia con un gran potencial de crecimiento de los beneficios y un gran crecimiento previsto de los mismos. El movimiento está más o menos en marcha mucho antes de que los beneficios aparezcan realmente en el balance de la empresa. Y muchas veces las acciones alcanzan su punto máximo de crecimiento de los beneficios. Esto se debe a que el mercado mira hacia el futuro y todo se descuenta con meses, si no años, de antelación.

Además, había pasado a mostrar el funcionamiento de los banqueros de inversión o de los suscriptores y otros grupos con información privilegiada en la forma en que una acción se mueve hacia arriba durante una tendencia alcista confirmada del mercado. Aquí también se perdió el mensaje. Probablemente, una vez más, debido a mis deficiencias como escritor. Pero el punto principal que había planteado era que los insiders son grandes poseedores de acciones cuando éstas se hacen públicas. No pueden vender grandes cantidades de acciones al principio de la vida de una acción o cerca de la fecha de la OPI. Primero hay que trabajar las acciones y hacerlas subir y subir y subir de precio para dar cabida a la gran venta que tienen que hacer los insiders. Si los iniciados comienzan a vender un gran número de acciones, la acción se deprime fácilmente y el precio que los grandes iniciados obtienen por su venta es bajo y la acción no tiene posibilidad de distribuirse completamente entre una amplia gama de titulares. Las acciones tienen que ser trabajadas y movidas hacia arriba y hacia abajo por las personas con información privilegiada para ayudar a distribuir las acciones en un gran grupo diverso de tenedores para que ningún grupo de tenedores pueda obtener el control de la empresa. Este es un proceso largo y laborioso que suele llevar años. El punto más importante que estaba tratando de cubrir era que tales operaciones bursátiles exitosas ocurren raramente. De los cientos de OPV que salen al mercado, solo un puñado llega a tener un movimiento sólido.

Sin embargo, como regla general, el gran movimiento de una acción en tendencia se produce durante un periodo de tiempo relativamente corto. Una vez que el verdadero movimiento se ha iniciado, los iniciados se asegurarán de que se ejecute por completo antes de que cambie la tendencia principal del mercado. La mayor parte de las veces, el verdadero movimiento de una acción se inicia, perdura y termina dentro de un ciclo alcista en el mercado general.

Por lo tanto, la única forma de confirmar que un posible rally está iniciando un verdadero cambio de tendencia es empezar a observar a las nuevas empresas de crecimiento joven haciendo nuevos máximos históricos. Dado que sabemos con certeza que los iniciados solo pueden trabajar una acción hasta su mejor parte de una tendencia alcista durante un ciclo alcista confirmado del mercado, podemos decir con seguridad que las probabilidades son muy bajas de que un nuevo ciclo alcista perdure en el mercado general sin el conjunto de nuevas acciones de crecimiento joven que lo acompañan haciendo una gran carrera.

En este punto de las discusiones, Boyd me informó que le gustaría cubrir primero los fundamentos del mercado general sobre un potencial cambio de tendencia y luego, en los días siguientes, cubriría las señales de confirmación ofrecidas por las acciones individuales. Añadió que los valores individuales confirmarán el comienzo de una verdadera tendencia primaria en el mercado general, al igual que confirmarán el final de la verdadera tendencia alcista en el mercado general. Dijo que los valores individuales líderes confirmarán la tendencia primaria del mercado. Me dijeron que la simplicidad se pondría de manifiesto en los próximos días.

Antes de pasar a la figura 5c, Boyd me aconsejó que la figura 5b era crucial. Dijo que lo que se observa durante el segmento entre el punto 4 y el punto 5 era fundamental. Si se confirmaban los valores individuales durante este segmento, aumentaban las probabilidades de que hubiéramos visto el mínimo del mercado en el futuro inmediato. Pero dijo que tendría que esperar a otro día para entrar en los valores individuales, ya que todavía había que trabajar en los índices generales del mercado.

En la figura 5c, Boyd completó la figura 5b con un poco más de información. Desde el punto 4, el índice subió hasta el punto 6. Después, tras marcar un máximo a corto plazo en el punto 6, el mercado reaccionó a la baja hasta el punto 7. Pero el punto 7 fue un mínimo más alto que el anterior punto 4. Pero el punto 7 fue un mínimo más alto que el mínimo anterior en el punto 4. Por lo tanto, se fijó el primer mínimo más alto. Esto fue una señal significativa de que, efectivamente, el mercado podría haber cambiado su tendencia de bajista a alcista. Boyd continuó añadiendo un segmento adicional a la figura 5b en la figura 5c y añadió el segmento del punto 7 al punto 8. Dijo que, en cuanto el punto 8 se situó ligeramente por encima del punto 6, como se muestra en la figura 5c, ya había una clara señal de que, efectivamente, se había producido un cambio de tendencia. Dijo que desde el punto 4 en adelante, habíamos visto un conjunto completo de máximos y mínimos más altos. El punto 7 fue un mínimo más alto que el punto 4. Y cuando el punto 8 fue penetrado al alza por encima del punto 6, habíamos visto también un máximo más alto. Un conjunto completo de un máximo y un mínimo más alto, por lo tanto, indicaba un cambio de tendencia.

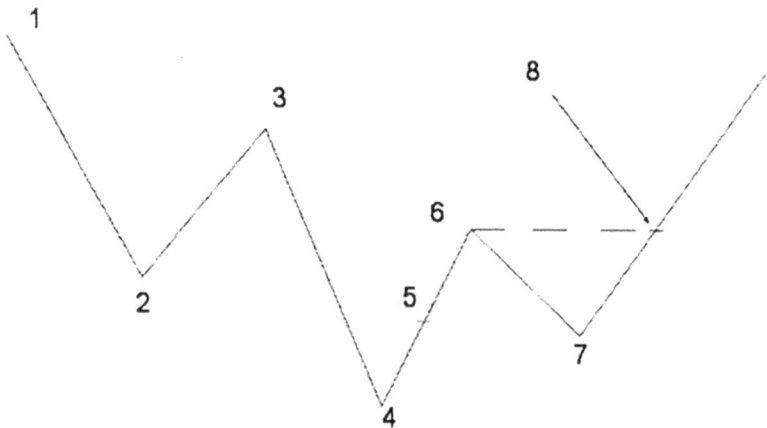

Figura 5c. Un cambio de tendencia

1 = tendencia anterior a la baja

2 = mínimo más reciente

3 = máximo de reacción al mínimo más reciente

4 = un nuevo mínimo más bajo

5 = un repunte desde el mínimo más reciente

6 = un máximo fijado durante la última subida

7 = una reacción a la baja al último repunte, pero este mínimo es más alto que el mínimo anterior en el punto 4

8 = cuando el precio supera el punto 6, el máximo anterior, se indica un nuevo cambio de tendencia

Y en este punto, Boyd dibujó la figura 5d y dijo que esta figura final confirmaba que se estaba produciendo una tendencia alcista en toda regla. Entonces añadió que se trataba de una versión muy simplificada de un posible cambio de tendencia. Pero era completamente factible y posible ver una mejora de las condiciones durante el segmento entre el punto 4 y el punto 5 si solo se sabía qué buscar. Aquí es donde entrarían en juego las acciones individuales.

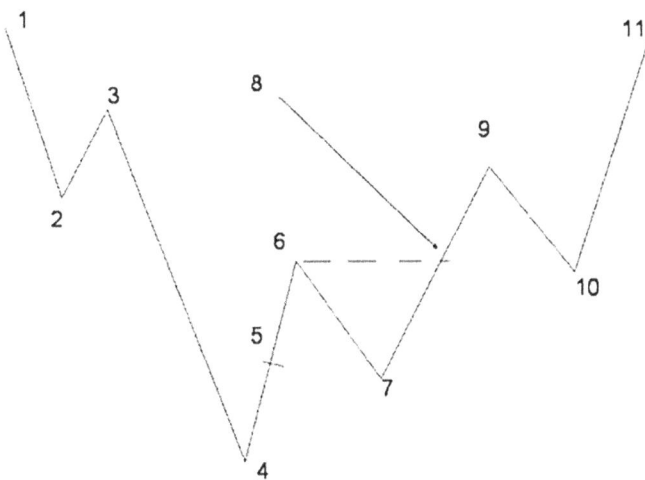

Figura 5d. Se confirma un cambio de tendencia

1 = tendencia anterior a la baja

2 = mínimo más reciente

3 = máximo de reacción al mínimo más reciente

4 = un nuevo mínimo más bajo

5 = un repunte desde el mínimo más reciente

6 = un máximo fijado durante la última subida

7 = una reacción a la baja al último repunte, pero este mínimo es más alto que el mínimo anterior en el punto 4

8 = cuando el precio supera el punto 6, el máximo anterior, se indica un nuevo cambio de tendencia

9 = se produce un nuevo máximo superior al anterior en el punto 6

10 = se fija un mínimo más alto que el mínimo anterior en el punto 7

11 = un nuevo máximo superior continúa la tendencia alcista

Resumen:

No todos los repuntes son el inicio de una tendencia alcista. Pero en cada rally, uno debe estar abierto a la posibilidad de que una nueva tendencia alcista haya comenzado. Hay que empezar a buscar las señales de confirmación de los nuevos valores de crecimiento jóvenes que hacen nuevos máximos históricos.

CAPÍTULO 6

CONFIRMAR TODO

Había aprendido una y otra vez que el mercado tiene una gran capacidad para engañarnos a los humanos. Boyd solía decir que el mercado engaña a todo el mundo la mayor parte del tiempo. El negocio de tratar de predecir los movimientos del mercado era defectuoso. Tan defectuoso como tratar de predecir el propio futuro. Alrededor de un tercio de los pronosticadores del mercado tienen razón un tercio de las veces. E incluso si, por casualidad, aciertan en la dirección, luego se equivocan en el momento. Predecir es una mala manera de operar en el mercado. Y eso es lo que hace la mayoría de la gente. Intentan predecir y pagan el precio muy caro.

Un especulador exitoso interpreta y no predice. Cubrimos los fundamentos de la interpretación de un cambio de tendencia basado únicamente en la acción del índice general del mercado. Pero, tenemos que confirmar todo en el mercado porque hay demasiadas pistas falsas. Si uno volviera a ver nuestra original figura 5b y echa un vistazo al punto 5, recordaremos que estamos en un punto en el que el mercado tiene la posibilidad de un cambio de tendencia. En el punto 5 de la figura 5b, el mercado ha subido desde el último mínimo durante unos días. Tanto en los gráficos diarios como en los semanales, el último mínimo marcado no ha sido superado. Este es el momento en el que empezamos a buscar señales de confirmación en los valores individuales.

Pero antes de empezar a mirar cada acción individual, debemos cubrir algunos de los fundamentos. Al igual que todos los participantes en el mercado, solo nos interesan los valores que van a subir de precio. En mi informe sobre la carrera de Taser, "La Acción Perfecta", me explayé mucho sobre la conveniencia de comprar acciones que alcancen nuevos máximos históricos. Ahora me doy cuenta de que quizás mis explicaciones fueron demasiado largas. Así que le pedí a Boyd que explicara cómo las acciones que hacen nuevos máximos siguen haciendo nuevos máximos más altos durante una tendencia alcista confirmada del mercado. Resultó que la suya era una explicación más sencilla.

Dijo que toda nueva tendencia alcista confirmada del mercado debe tener un nuevo conjunto de jóvenes valores de crecimiento desconocidos que lideren el mercado. Cada ciclo tiene nuevos líderes. No es diferente a un equipo deportivo. Se necesita una nueva generación de jugadores jóvenes para llevar un juego a nuevas alturas después de que un conjunto de grandes anteriores de mayor edad comience a disminuir. En los primeros tiempos de la revolución industrial, fueron el acero y los raíles los que lideraron el mercado. Luego llegaron los automóviles y las máquinas pesadas. Luego vinieron los aviones y las industrias asociadas. Luego vinieron la radio y la televisión y las tecnologías asociadas. Luego vinieron los ordenadores. Luego vinieron los programas informáticos y después Internet y las tecnologías asociadas. En alguna parte estaban las tecnologías médicas y los productos farmacéuticos. La próxima tendencia alcista seria tendrá un nuevo conjunto de líderes. Siempre hace falta un nuevo grupo de líderes para hacer avanzar el mercado".

Le interrumpí y le dije: "Pero dices que uno debería ser realista y no debería esperar más de 3 o 4 segmentos negociables de tendencia alcista confirmada en cualquier ciclo de 10 años en los mercados. ¿No significaría eso que habrá amplios periodos de inactividad? En esos periodos, ¿qué ocurre con los nuevos valores jóvenes de crecimiento que estás observando y esperando para hacer su movimiento?"

Boyd dio un sorbo a su café, se tomó un segundo para ordenar su pensamiento y explicó despreocupadamente: "Soy una de esas personas que se acerca al mercado con cierto escepticismo. Parto de la base de que todas las subidas son falsas. Hasta que esta suposición mía no sea desmentida por acciones individuales, no estoy convencido de la fuerza del rally. Para responder a su pregunta, sí, el gran dinero es posible solo en unos 3-4 segmentos de tendencia alcista en cualquier ciclo de 10 años. Durante el tiempo de espera, estos nuevos y jóvenes valores de crecimiento están configurando su juego. El montaje lleva mucho tiempo. Esperar tales ciclos para hacer compromisos serios y grandes es difícil para la mayoría de la gente. Pero si uno se tomara el tiempo de revisar sus propias ejecuciones pasadas y su rendimiento durante el ciclo más reciente de 10 años, notaría que más del 80% de la gente ha perdido dinero en el mercado. Cualquiera puede tener un año bueno y otro afortunado. Esa no es la prueba. La verdadera prueba de un especulador exitoso es cómo le fue durante un período de 10 años. Si uno tiene las agallas de sacar su propio rendimiento de 10 años y hacer un estudio, reconocerá fácilmente que lo que se ganó fue más que compensado por lo que se perdió".

"Durante los periodos de baja actividad, siempre llevo conmigo mis gráficos y estoy atento al próximo gran corredor. En un momento dado, podría estar observando decenas de valores diferentes, pero centrándome seriamente en solo unos 5-10 valores. Sé lo que estoy buscando y reconozco un ganador cuando lo veo. Lo único que determina mi grado de éxito es la capacidad que tengo para colocar mis compromisos y negociar el ganador de la manera más eficaz a lo largo de su parte más rápida y lejana del movimiento. He tenido años en los que tenía las acciones correctas pero no fui capaz de negociarlas de forma efectiva debido a severas sacudidas y falsas salidas. En otros años, he sido capaz de operar con los grandes ganadores de forma muy eficaz. En general, mi objetivo es captar un puñado de grandes movimientos serios durante cualquier ciclo de 10 años. Le digo a mi hija que si doblo mi dinero cuatro o cinco veces en una década y luego no devuelvo gran parte de él al mercado, entonces he hecho mi trabajo. Así, por ejemplo, si empiezo con 100.000 dólares y doblo mi dinero solo 3 veces en un ciclo de 10 años durante tres ciclos diferentes de tendencia alcista y luego no pierdo nunca nada durante el resto del ciclo de 10 años, mis 100.000 dólares valdrían 800.000 dólares. No está mal para un rendimiento de 10 años. Supongamos que uno hiciera esto durante dos ciclos de diez años. Los 100.000 dólares valdrían 6.400.000 dólares".

"Mi filosofía es sencilla. La primera premisa es que el mercado de valores es muy complicado y más del 80% de los participantes perderán dinero a largo plazo. Si voy a participar en un animal que pierde el 80% de la gente, entonces solo me interesa el dinero grande. En otras palabras, si voy a arriesgarme a perder en el mercado, será mejor que busque solo el dinero grande. De lo contrario, ¿por qué arriesgar mi dinero para obtener escasas ganancias o, peor aún, para asumir pérdidas?"

"La segunda premisa es que el dinero grande se hace solo en los jóvenes valores de crecimiento desconocidos. Las viejas vanguardias como General Motors, IBM, Wal-Mart, Cisco, Microsoft, etc., se han convertido en valores maduros con grandes cotizaciones y son más bien para los fondos de pensiones y otros que creen que pueden soportar los giros del mercado a través de empresas estables. Poco saben que una sola carrera bajista acabará con todas las ganancias obtenidas con esfuerzo durante muchos años. Pero todo el mundo es diferente y todo el mundo llega al mercado con actitudes y objetivos diferentes".

"La tercera premisa es que la acción que estoy observando como potencial ganadora debe haberme demostrado a través de su acción de precio/volumen que tiene la capacidad de subir de precio. Si soy propietario de un club de béisbol, ¿por qué iba a pagar a un jugador de béisbol las grandes sumas de dinero a menos que vea durante su estancia en las ligas menores que era consistentemente bueno y que, de hecho, estaba mejorando sus promedios? Si no puedo ver esa capacidad de mejora o de aumento, no tengo interés en una acción. Esto es lo que yo llamo la tendencia alcista previa. Sin una tendencia alcista previa, una acción no me ha demostrado nada".

"Con miles de valores que suben y bajan, ¿cómo reducir mi atención a los próximos grandes ganadores? Bueno, empiezo con solo los valores que tienen 10-15 años o menos. En otras palabras, no me interesan los valores que llevan más de 15 años. Como ya he dicho, son las nuevas y jóvenes empresas de crecimiento las que ganan mucho dinero. Si una acción tiene más de 15 años, ha tenido la oportunidad de moverse en tendencias alcistas anteriores. Y si una acción ha tenido la oportunidad de moverse en tendencias alcistas anteriores, entonces probablemente sea demasiado tarde para que yo capte su movimiento más rápido y lejano hacia arriba".

"Entonces exijo que la acción que estoy observando se acerque a su máximo histórico. Algunas personas buscan acciones que hagan nuevos máximos de 52 semanas. Pero yo no. Yo necesito ver que una acción se acerque a su máximo histórico. Mi interés es, ante todo, observar el menor número posible de valores. Lo que significa que debo reducir el número de posibles ganadores a un nivel humanamente manejable. Para ello, tengo que establecer ciertas restricciones y parámetros. Así pues, todos los parámetros que utilizo tienen como único objetivo reducir el número de valores que observo a un puñado. Al fin y al cabo, empezamos con el objetivo de buscar solo un puñado de grandes ganadores claros durante cualquier década".

"Creo que he mencionado en alguna parte que todo en el mercado de valores lleva tiempo. Se necesita tiempo para ganar o perder mucho dinero. Se necesita tiempo para que una acción configure su juego antes de hacer su movimiento. Durante el transcurso de su configuración, muchas veces una acción ofrecerá muchas señales falsas. Puede ofrecer señales de que un verdadero movimiento ha comenzado, solo para dar marcha atrás y volver a su fase de base o de establecimiento. Esto exigirá paciencia al especulador. Como el especulador está esperando el tramo claro de 6 a 12 meses en el que la acción va a subir a su ritmo más rápido y llegar más lejos, solo está interesado en una tendencia clara y visible en la que la acción haga un conjunto limpio de máximos y mínimos más altos. Un movimiento de este tipo suele producirse solo una vez en la vida de cualquier acción. Durante ese período, no es raro ver que una acción se multiplique muchas veces por encima de su precio inicial para el período de tiempo".

"Has escrito un bonito libro sobre la carrera de Taser del 7000% en 12 meses, que explicaba algunas de las mayores lecciones del mercado de valores. Pero creo que te decepcionará saber que las lecciones de tu libro solo serán reconocidas por los verdaderos especuladores. El público en general se perderá por completo las lecciones. Eso solo demuestra que los especuladores verdaderamente exitosos son una minoría silenciosa y casi inexistente en el mercado. Dado que el número de verdaderos especuladores es mínimo en el mercado, me temo que su libro no venderá tantas copias como el libro corriente que promociona el mercado de valores como lo mejor desde la invención de la rueda".

"Para simplificar la lección, me gusta ver acciones que utilizan muchos muchos meses o incluso años en la configuración de su juego. Cuanto más largo sea el patrón de base lateral y cuanto más largo sea el silencioso e inadvertido montaje, más rápido y lejano será el movimiento cuando comience el verdadero movimiento. Puedo decir que el público en general no tiene paciencia para esperar a que la jugada se configure. Ahí es donde el público comete el gran error. Creerán que cada ruptura de un rango de precios a otro es el comienzo de un nuevo gran movimiento. Para explicar esto tengo que dar un paso atrás y entrar en lo que son las rupturas".

"Encontrarás una docena de servicios por ahí que afirman saber qué son las acciones de ruptura y cómo se comportan. Por desgracia, ninguno de ellos hace justicia a sus lectores. La maquinaria de Wall Street da a entender que, cuando los valores rompen, muchos de ellos experimentan una buena subida. Esta insinuación es ingenua o engañosa a propósito. Sea como sea, es una premisa falsa. En primer lugar, hay que definir claramente lo que se entiende por una ruptura. Una ruptura significa simplemente que una acción o un índice ha salido de un rango de cotización y ha entrado en otro. Eso es todo. No se entiende nada más por una ruptura. Hay un amplio seguimiento y creencia de que una ruptura es el comienzo de una tendencia alcista. Asumir, afirmar o insinuar tal cosa es una tontería. Una ruptura se produce en algún momento de una tendencia alcista. Eso no significa que cada ruptura sea el comienzo de una tendencia alcista. Un gran jugador de las grandes ligas comienza en las ligas menores. No significa que todos los jugadores de ligas menores se conviertan en grandes jugadores de béisbol".

"Una tendencia alcista es una serie de máximos y mínimos más altos. Una acción que está en una tendencia alcista, muestra a lo largo de su tendencia alcista algunos períodos de consolidación en los que la acción descansa. Una vez que se ha tomado ese descanso, la acción reanuda su tendencia alcista. En este caso, se puede decir que la ruptura de la fase de descanso inició una nueva tendencia alcista. En mi opinión, las verdaderas rupturas son las que confirman y mantienen una tendencia alcista.

"En un año cualquiera, no es raro ver 500 o más rupturas de valores que hacen nuevos máximos. En un buen año, esa cifra puede incluso duplicarse hasta superar el millar de valores que alcanzan nuevos máximos. Y en el momento exacto de esa ruptura, todos los valores parecen buenos durante ese instante en el que rompen. Pero se trata de máximos de 52 semanas. Solo me interesan los valores que hacen máximos históricos. Y solo me interesan las acciones que ya están en una tendencia alcista. Es decir, solo me interesan las nuevas empresas jóvenes de crecimiento que ya están mostrando precios al alza y en nuevas zonas de precios máximos históricos".

"Para resumirlo, busco valores que hayan pasado algunos años y meses en un largo patrón de base lateral. Esta es la configuración. Cuanto más larga sea la configuración, mayores serán las probabilidades de que se produzca un buen movimiento cuando comience el juego. Entonces la acción debe entrar en nuevos máximos históricos y mostrar una tendencia al alza durante algunas semanas y meses. Normalmente, solo me fijo en las acciones que ya se han duplicado desde su mínimo hasta su máximo en el último periodo de 52 semanas. En otras palabras, si compruebo el precio mínimo y máximo de 52 semanas de una acción, el precio máximo de 52 semanas debe ser como mínimo el doble de su precio mínimo de 52 semanas. Además, debo ver al menos una fase de descanso durante la tendencia alcista o la fase de juego. Como ya he dicho, el juego comienza solo después de una larga puesta en marcha".

"A continuación, añado un requisito adicional. La acción debe haberse movido al menos un 20% o más en el precio desde el máximo de su última ruptura en cuatro semanas o menos. Este movimiento del 20% en cuatro semanas debe haber ocurrido sin que la acción vuelva a la zona de precios de consolidación. Entonces llamo a esta acción mi movimiento 20/4 - que significa 20% o más en 4 semanas sin volver a la zona de precios de base o de consolidación".

En ese momento, Boyd sacó su bloc de notas y dibujó una figura como la que se muestra en la figura 6. Y allí, en la figura, indicó la base larga o la fase de configuración. Luego indicó la fase previa de tendencia alcista del inicio de la fase de juego. También marcó el primer período de descanso o la fase de consolidación. En la parte superior de la zona de consolidación, indicó el movimiento de tipo 20/4 para llamar a este tipo de acciones su movimiento 20/4. Como siempre, recogí su ilustración y la introduje en mi carpeta que contenía mis notas. Una vez más, la figura de Boyd era sencilla, fácil y genial en su explicación de su terminología. Eché un vistazo a la figura como se muestra en la figura 6 y todo lo que Boyd explicó esa mañana fue fácil de entender.

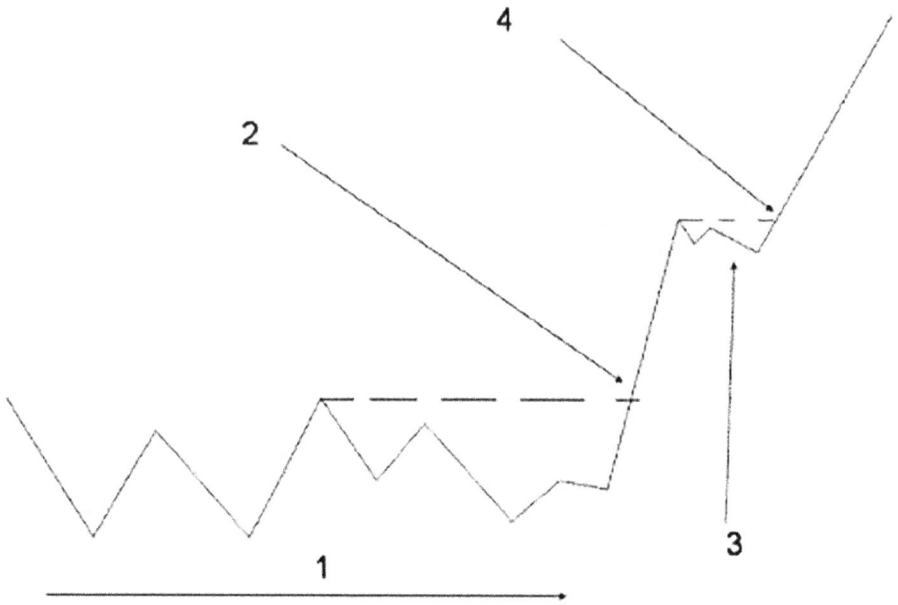

Figura 6. Un movimiento típico de acciones del tipo 20/4

1 = fase de base larga que dura meses y años

2 = se fijan todos los nuevos máximos del precio

3 = fase de consolidación o descanso

4 = ruptura de nuevos máximos para proceder a un movimiento del 20% o más en cuatro semanas a partir del punto 4

La mente de Boyd trabajaba a un ritmo asombroso esa mañana. Como ya he dicho, esa mañana estaba bastante alegre y, si no lo hubiera sabido, habría sido fácil olvidar que el reloj se estaba acabando para él. Estaba tan animado como siempre. Decidí aprovechar al máximo ese día, ya que me di cuenta de que esos días tan agradables estaban contados para él y que tal vez nunca tendría otro día como éste con él. Así que no le interrumpí durante toda la clase, mientras la mañana se convertía en tarde. Tomamos un almuerzo ligero y continuamos con asuntos relacionados con la confirmación de señales en el mercado.

Boyd continuó con facilidad, ya que las palabras le salían con facilidad. Estaba en su elemento y podía imaginarlo colocando sus ejecuciones comerciales con el comportamiento frío, tranquilo, distante y calculador que proyectaba.

Dijo: "Aunque la primera acción que hace un movimiento del tipo 20/4 es una buena señal, suelo esperar hasta que veo al menos dos acciones de este tipo de dos industrias distintas que me muestran que ha llegado el momento de probar las aguas en el mercado. No he hablado realmente de la importancia del volumen aquí. Reservaré la importancia del volumen para más adelante. Ahora que he visto al menos dos acciones que se mueven 20/4 y que cumplen con mis criterios requeridos, entonces tomaré la decisión de que es el momento de probar el mercado con pequeñas compras piloto. Una pequeña compra piloto es una compra de prueba en el mercado para confirmar que lo que he visto, observado e interpretado es correcto. Si estoy en lo cierto, entonces mis compras de prueba o compras piloto deberían obtener ganancias desde el principio sin bajar de mis precios de compra. Para confirmar que estoy en lo cierto, necesito implementar otra acción. Esta es la regla del stop-loss. De esto se habla mucho, se escribe mucho y es muy seguido por los traders y especuladores. Algunos lo hacen con éxito y otros lo hacen mal. Pero al menos los operadores y especuladores siguen alguna forma de stop-loss. Eso es mejor que lo que hacen los jugadores e inversores que no tienen una política de stop-loss".

"Creo que ha hecho un trabajo bastante bueno al explicar los principios del stop-loss en su informe Taser. No creo que haya mucho que añadir a lo que ya has cubierto bien. La idea básica de un stop-loss es doble. El primer objetivo es proteger nuestro capital. Esto lo has cubierto en tu libro y otros lo han hecho también en muchos libros que están en el mercado. El segundo objetivo, más importante, es demostrar que estoy equivocado. Cuando varios de mis sell-stops son golpeados, el mercado me está enviando un mensaje de que estoy equivocado en mi interpretación de la dirección del mercado y de las acciones".

"Volviendo a mis acciones del tipo 20/4, coloco un sell-stop a mis precios de compra tan pronto como una acción hace un movimiento del tipo 20/4. Por lo tanto, si una acción que se mueve un 20% o más en un plazo de cuatro semanas desde su ruptura y luego gira y vuelve a mi precio de compra, me vendo. Esto lo hago porque las probabilidades de que una acción del tipo 20/4 vuelva a su precio de compra son mínimas si el mercado está en una tendencia alcista. Como ya he dicho, el stop me ayuda a comprobar si tengo razón o no en mi opinión sobre la dirección del mercado. Por otro lado, los valores que suben un 20% o más en las 4 semanas siguientes a su ruptura de máximos, normalmente acaban de iniciar su verdadero gran movimiento. Estos valores actúan como verdaderos indicadores o valores confirmadores de la tendencia del mercado. Además, psicológicamente, me preparo todo el tiempo para aceptar que ninguna acción del tipo 20/4 me dará pérdidas. De este modo, tengo una afinidad incorporada por dichos valores".

Mientras Boyd continuaba con este tema, decidí dividir mis notas de ese día en dos mitades. Me di cuenta de que ese día iba a recibir mucha información. No quería que mi mente empezara a divagar y perdiera algunos de los minúsculos detalles de las lecciones de Boyd. Decidí pedirle una pausa de unos minutos en ese momento para permitirme ordenar mis pensamientos y organizar mis notas.

Resumen:

Siempre son las nuevas y desconocidas empresas de crecimiento las que confirman la tendencia del mercado. Por lo general, la puesta en marcha del verdadero movimiento lleva mucho tiempo para las acciones individuales. Busca valores que hayan llegado al mercado en los últimos 10-15 años. A continuación, busca las acciones que han ido de lado durante largos períodos de muchos meses o años en lo que se llama en la fase de configuración. Una vez que la acción que se está observando llega a la zona de precios máximos de todos los tiempos, hay que confirmar que su máximo de 52 semanas es al menos el doble de su mínimo de 52 semanas. Esto permite al especulador rechazar todos los valores, pero solo los verdaderos grandes ganadores potenciales. Una vez que la acción ha llegado a la nueva zona de precios de todos los tiempos, busque que haga un movimiento del 20% en un plazo de cuatro semanas después de salir de una zona de consolidación. Esto es lo que puede llamarse acciones del tipo 20/4. Es entonces cuando uno debe sentarse y empezar a prestar atención al mercado así como a las acciones individuales. Es entonces el momento de considerar la posibilidad de volver a entrar en el mercado.

CAPÍTULO 7

EL VOLUMEN LO ES TODO

B oyd decía que las señales ofrecidas por el volumen de acciones negociadas lo eran todo. Yo era muy consciente de la importancia de la acción del precio y el volumen de una acción y de los índices generales del mercado. Pero la forma en que Boyd me miró cuando hizo esa afirmación sobre el volumen me indicó que había más de una lección allí de lo que la mayoría nunca sabrá. Así que le pedí que me explicara los fundamentos del volumen de operaciones.

Boyd dijo: "Cuando la mayoría de la gente me oye hablar de la importancia del volumen de operaciones, normalmente no tienen ni idea de lo que estoy hablando. Suelen descartar la importancia del volumen de operaciones o no tienen ni idea de cómo ver el volumen de operaciones en un gráfico. Para mí, el volumen es lo más importante. Cuando veo el gráfico de una acción, puedo obtener inmediatamente una instantánea de dónde está la acción en su movimiento potencial. Para mí es absolutamente muy importante prestar atención al volumen. Aunque el volumen de negociación pueda parecer sencillo a primera vista, el truco está en estar atento y ser diligente para no caer en falsas señales".

"Ver algo que no existe es el error más común y más caro que cometen incluso los especuladores más experimentados. Es fácil racionalizar la posición de uno al ver algo que no existe. La necesidad de tener razón hace que uno se incline por ver lo que quiere ver. Y entonces el deseo se convierte en el padre del pensamiento. Y desear que ocurra un movimiento hace que uno vea cosas que no existen. Escribo a menudo en mis comentarios que el mercado es un espejismo. Uno ve agua donde hay arena si tiene suficiente sed. Entonces, como uno ve lo que no hay, al igual que el alma desafortunada perdida en el desierto, uno acaba comiendo arena en lugar de beber agua".

"Cuando miro el volumen de operaciones en el gráfico de una acción individual, siempre empiezo con los gráficos semanales. Una vez que veo algo en los gráficos semanales, confirmo la señal en los gráficos diarios y mensuales. Si las mismas señales son visibles en los gráficos diarios, semanales y mensuales, entonces se deduce que lo que veo es probablemente lo que está sucediendo. Las probabilidades de que vea algo que no existe son bastante bajas".

"El volumen, sin embargo, es siempre relativo. Si una acción negocia una media de 1 millón de acciones a la semana, y de repente muestra un gran salto de precio a nuevos máximos junto con un salto claramente visible en el volumen a 5 millones de acciones o más durante la semana del salto de precio, es obvio para mí que algo ha sucedido para crear este mayor interés en la acción. La explosión de volumen debe ser clara y sin duda. Y al mismo tiempo, una acción con tendencia alcista debe mostrar un claro salto de precio que acompañe a la explosión de volumen. Una señal así es una indicación para sentarse y fijarse en la acción. Sin embargo, el hecho de que esa acción de precio y volumen sea visible no significa mucho. Todos los demás factores de los que hablamos anteriormente que se aplican a una nueva acción potencialmente ganadora tienen que aplicarse. La acción debe estar en o cerca de los máximos históricos. Debe ser una acción joven que llegó al mercado hace no más de 10-15 años. El precio máximo de 52 semanas de la acción debe ser al menos el doble de su precio mínimo de 52 semanas. La acción debe mostrar un volumen claramente creciente sobre precios al alza en sus gráficos semanales. La imagen debe ser completa. Una imagen incompleta no ofrece suficiente convicción para que yo pruebe las aguas".

"Una señal casi segura de una acción con tendencia alcista aparece en un gráfico semanal. Uno verá claramente que los precios suben con un volumen mayor y las reacciones o consolidaciones serán con un volumen medio o inferior a la media. Esto es una buena señal".

"Interpretar la acción del precio y el volumen, sin embargo, requiere un ojo perspicaz. El arte de aprender a leer esas señales en un gráfico se parece mucho a la lectura de una radiografía. Requiere tiempo, práctica y mucha experiencia. Con el tiempo, uno es capaz de echar un vistazo a un gráfico y en cuestión de segundos ver muchas de las características que saltan a la vista. Es como un radiólogo que puede echar un vistazo rápido a una radiografía e interpretar inmediatamente algunos signos claramente visibles. Una vez que se ven los signos iniciales, en ese momento es necesario un estudio más cuidadoso".

"A veces escribo en mis comentarios a mis lectores que la interpretación de los acontecimientos bursátiles es difícil de explicar. Normalmente puedo identificar y ver un movimiento que se avecina, pero me resulta difícil explicar por qué puedo identificar el movimiento inminente. Es casi como la vieja definición de decencia en la libertad de expresión. ¿Qué es el lenguaje ofensivo? Es difícil de explicar, pero uno puede reconocerlo cuando lo ve".

Una vez más, recogí la hoja en la que estaba dibujando su boceto. Lo he reproducido como en la figura 7, el boceto que Boyd garabateó. Puedo ver claramente los largos meses y años de consolidación en un volumen bajo y sin interés. Además, a medida que la acción entra en un nuevo terreno de precios de todos los tiempos, vi cómo Boyd había indicado un aumento del volumen. Por último, en un momento dado, el volumen semanal simplemente explotó cuando la acción entró en nuevos máximos de precio en claramente muy por encima de cualquier máximo de volumen anterior registrado por la acción. Me di cuenta de que había garabateado con su mano una nota que decía: "Idealmente, este es el tipo de acción que me gusta ver. Este me haría sentarme y empezar a prestar atención. Lo que he mostrado es un gráfico semanal que abarca algunos años en el tiempo".

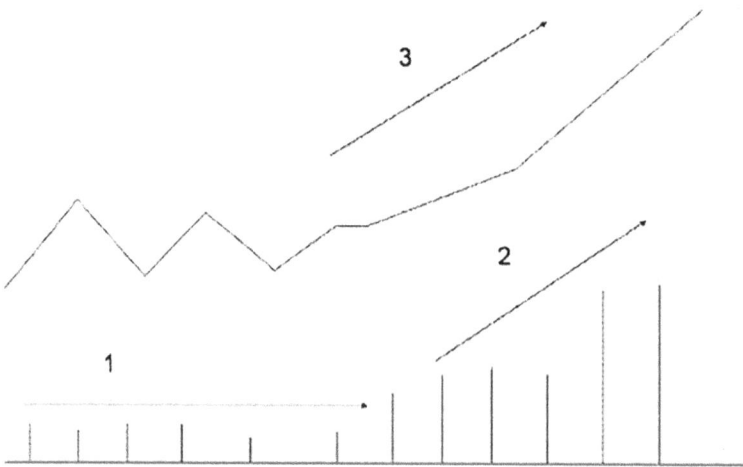

Figura 7. Una acción ideal de precio/volumen

1 = fase de base larga con volumen tranquilo

2 = volumen ascendente

3 = precio al alza que acompaña al volumen al alza

Observé con interés que había anotado una pequeña nota en la figura que decía: "Puede que tenga que esperar meses y meses para ver un montaje como éste, pero la espera suele merecer la pena".

Más o menos en ese momento, Boyd miró su reloj y se dio cuenta de que era casi de noche. Había sido un día largo. Así que decidió parar por hoy. Recogí mis notas y me fui a casa con cierta aprensión para encontrar una forma simplificada pero completa de anotar las lecciones del día. Decidí incluir un puñado de gráficos en algún momento dentro de mis escritos para mostrar la acción típica del precio y el volumen que aparece en los potenciales ganadores. Para simplificar las cosas, decidí duplicar dichos gráficos anotados al final, después de haber terminado completamente con todas las lecciones.

Resumen:

La acción del precio y el volumen deben ser complementarios. El volumen debe acompañar a los precios de manera que no haya dudas sobre el movimiento inminente y en curso. Interpretar el gráfico de una acción requiere tiempo, experiencia, práctica repetida y un ojo perspicaz. Se necesitan tres o cuatro años de práctica constante antes de desarrollar la habilidad para ver las cosas que se pueden ver en el gráfico de una acción.

CAPÍTULO 8

COMPRAR SOLO VERDADERAS RUPTURAS

A la mañana siguiente, durante el desayuno, Boyd se mostró inusualmente discreto y apagado. Era casi como si estuviera exasperado y agotado por sus esfuerzos para mostrar los caminos del éxito al público y casi nadie le escuchaba. Era obvio para mí que la mayoría de la gente no podía seguir los principios del éxito expuestos por Boyd porque se requería una navegación diligente, paciente, cuidadosa y persistente a través de los campos de minas del mercado de valores. El público en general quiere acción y resultados instantáneos. Somos una nación de buscadores de gratificación instantánea y si no vemos resultados instantáneos, entonces el enfoque debe ser defectuoso. Con la enorme cantidad de ofertas gratuitas de los últimos artilugios, fórmulas, programas informáticos, promesas y gurús "para vencer al mercado", que están ansiosos por atrapar a los crédulos y ofrecer el mejor plan para hacerse rico rápidamente, el público no utiliza el plan y la operación probados y verdaderos para tener éxito en el mercado. Hay muchos resultados probados y carteras modelo que afirman tener ganancias de tres dígitos año tras año. El hombre común no tiene ninguna posibilidad de triunfar en el mercado con tantos buitres que se llevan una parte de su cuenta cada vez que parpadea.

El mercado ofrece las migajas suficientes para que todos los sistemas de trading mantengan a los crédulos volviendo a por más migajas y, por el camino, el mercado se lleva grandes trozos de los crédulos. Las pequeñas migajas son suficientes para convencer a los crédulos de que su sistema tiene la oportunidad de hacerlo a lo grande, si solo pueden encontrar el próximo gran ganador. Los crédulos nunca se dan cuenta de que los grandes ganadores solo aparecen 3 o 4 veces en un ciclo de 10 años. Para poder operar con éxito cuando aparezcan esos ganadores, el plan tiene que ser seguro y no perder cuando los tiempos sean malos. Para conseguir dos objetivos diametralmente opuestos bajo el mismo paraguas de prácticas de trading, hay que diseñar un plan que funcione bien en los malos y en los buenos tiempos.

El plan debe ponerse en piloto automático para que se elimine el "elemento humano" y solo se permita prosperar al "elemento ganador". No había otra manera de lograr un acto de equilibrio tan delicado que seguir los principios que Boyd seguía. No había nada nuevo en su conjunto de principios. Sin embargo, no había ninguna otra persona viva que pudiera aplicar y exponer los principios ganadores como lo hacía Boyd. Ha habido muchos grandes, tanto conocidos como desconocidos, que han seguido y puesto en práctica tales principios para extraer millones de los mercados. Los grandes desconocidos fueron probablemente mejores que los grandes conocidos. Los grandes operadores conocidos incluyen, pero no se limitan, a personas como James Keene, Livermore, Baruch, John Gates, Russell Sage y Darvas. Boyd era uno de los muchos desconocidos.

El principio general suena bastante fácil: mantenerse alejado de los mercados malos y estar totalmente invertido en los mercados buenos. El problema viene a la hora de aplicar el plan. Muchos han ideado un gran plan. Solo unos pocos han podido poner en práctica planes que confirmen la genialidad del plan tal y como fue urdido en principio. Lo mismo ocurre con el mercado. Abundan las palabras. Los medios de comunicación y los sabihondos utilizan clichés y adagios a diestro y siniestro. La humildad con la que un genio ejecuta el plan es realmente un acontecimiento raro.

El término "ruptura" ha recibido su parte de mala y buena prensa. Mala prensa, gracias a la gente que hace un mal uso de su definición y no sabe cómo aplicar un verdadero plan ganador. Buena prensa, por parte de aquellos que ofrecen principalmente una afirmación de victoria basada en la retrospectiva. En cualquier caso, el problema es el mismo. Demasiada atención de los medios de comunicación, que invariablemente solo muestran los extremos y los márgenes. El trabajo más duro se hace cuando nadie mira. Los medios de comunicación solo llegan al final.

Boyd ofreció una definición sencilla de una ruptura. Una ruptura es simplemente un movimiento de una acción o un índice de un rango de precios a otro. En su nivel más simple, no ofrece ninguna pista sobre la dirección general del mercado o la tendencia de una acción. Por ejemplo, veamos la figura 8a. En este caso, el precio de la acción mostrado ofrece un movimiento de ruptura. Pero no hay ninguna indicación de si la acción que hizo este movimiento de ruptura está en algún tipo de tendencia o no. Habrá miles de rupturas de este tipo en cualquier año, independientemente de que sea un año bueno o malo en los mercados.

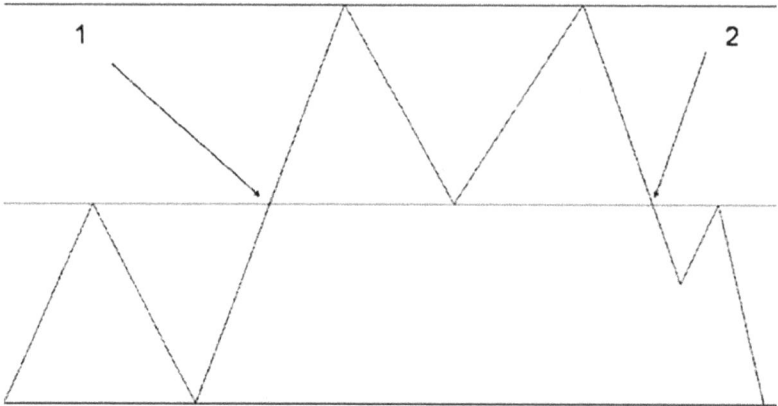

Figura 8a. Cualquier ruptura antigua

1 = ruptura de un rango de precios a un rango de precios superior
2 = regreso al rango de precios inferior original

Por otro lado, consideremos la figura 8b. Aquí vemos una acción que ha estado construyendo una larga base lateral durante años. Y luego, de repente, se despierta y empieza a subir. Después de subir durante algún tiempo, medido en semanas y meses, se asienta de nuevo en la base. Esta segunda estructura de base es, sin embargo, corta y se mide en semanas. A partir de entonces, la acción rompe a un rango de precios más alto.

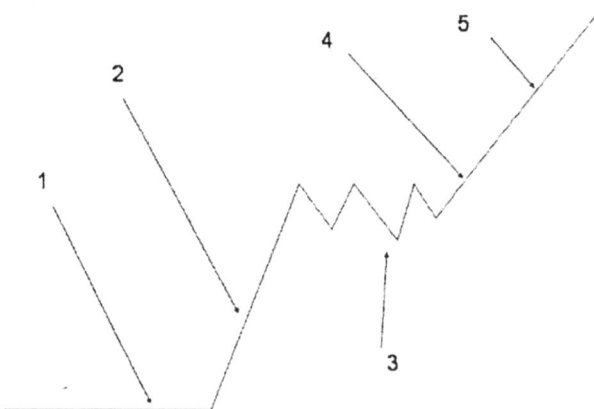

Figura 8b. Una verdadera ruptura

1 = fase de base lateral larga

2 = una fuerte tendencia alcista que comienza a hacer nuevos máximos de precios

3 = fase de descanso o consolidación

4 = ruptura hacia una nueva zona de precios máximos históricos

5 = continuación de la tendencia alcista tras la fase de descanso o consolidación

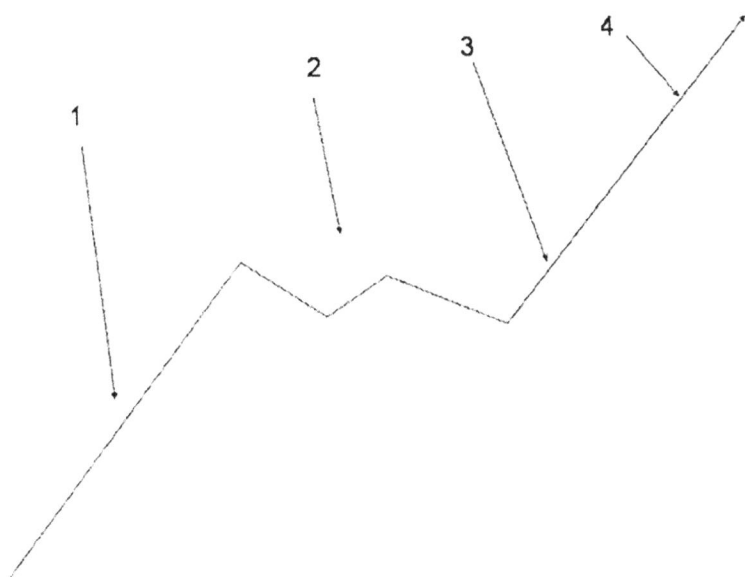

Figura 8c. Un primer plano de una verdadera ruptura

1 = una fuerte tendencia alcista iniciada para hacer nuevos máximos de precios

2 = fase de descanso o consolidación

3 = ruptura hacia una nueva zona de precios máximos históricos

4 = continuación de la tendencia alcista tras la fase de descanso o consolidación

Para mostrar este cuadro de cerca, Boyd dibujó la misma figura, pero concentrándose ahora completamente solo en la tendencia alcista anterior, la base y la parte de ruptura de la figura 8b. Esta figura se reproduce en la figura 8c. El punto 1 de esta figura indica la tendencia alcista anterior. La tendencia alcista anterior nos confirma que el valor ha demostrado que puede subir de precio. La zona que muestra el punto 2 es la zona de base. Se trata de la consolidación o la fase de descanso en la que el valor se toma un pequeño respiro de su tendencia alcista. A continuación, en el punto 3 se produce una verdadera ruptura. Una verdadera ruptura es cuando una acción rompe en un nuevo rango de precios altos después de haber cumplido con todos y cada uno de los criterios a continuación:

- la acción tiene menos de 15 años
- la acción ha establecido un largo periodo, medido en años, de patrón de base lateral
- la acción inicia una tendencia alcista alcanzando nuevos máximos históricos
- después de mostrar una tendencia alcista que dura muchas semanas y meses, la acción se asienta en una fase de consolidación, descanso o base

Boyd continuó relatando sus recuerdos de sus días de juventud, ya pasados, mientras cubría los fundamentos de las rupturas. Dijo: "Cuando era joven y era nuevo en el mercado, cometí el error de intentar captar un movimiento antes de que comenzara la tendencia. Solía pensar que tenía que entrar antes de que la multitud entrara. Ese es un error que la mayoría de la gente sigue cometiendo en el mercado. Esta es la parte del elemento humano de nuestra caída. Me costó años y enormes pérdidas casi insuperables darme cuenta de que se ha perdido más dinero por tratar de coger el fondo o el comienzo de un movimiento de lo que nunca se supo".

"Tras años y años de tratar con el mercado, me di cuenta de que debía comprar cuando el movimiento hubiera comenzado definitivamente y no un segundo antes. Tenía que encontrar una señal convincente de que un movimiento serio había comenzado. No tiene sentido anticipar un movimiento. El movimiento debe haber comenzado con certeza antes de que yo deba comprar. La anticipación de un movimiento es otro defecto humano que convierte en indigentes a la mayoría de la gente".

"Fue cuando la luz se encendió en mi mente y me di cuenta de que un movimiento debe estar en progreso antes de que deba comprar, cuando me di cuenta de la importancia de definir una verdadera ruptura. Fue entonces cuando me di cuenta de la gran diferencia entre una verdadera ruptura y una ruptura ordinaria".

Y añadí: "Puedo ver cuando la tendencia alcista es evidente en una acción. Obviamente, sus reglas y su definición de hoy han ayudado a aclararlo. Sin embargo, para la mayoría de la gente es difícil esperar cuando ven que una acción está subiendo. Los chicos del momentum comprarán en una acción alcista sin esperar una reacción. A la primera señal de reacción, los jugadores de impulso se desharán de la acción. ¿Cómo se puede contrarrestar este argumento?

Boyd respondió: "Todo depende de lo que se quiera obtener del mercado. Es muy parecido al golf. El machismo quiere presumir de los golpes largos desde el tee. Es la delicadeza y el juego corto lo que hace que se gane mucho dinero. Si quieres mostrar un drive aquí y allá y hacerte notar por tus drives, serás uno entre los millones. Pero para ser uno de los millonarios, tienes que tener un gran juego corto. Si quieres unos cuantos puntos aquí y allá, por supuesto, sigue adelante con las jugadas de impulso. Pero si quieres las grandes sumas, necesitas la delicadeza y la paciencia para trabajar con las acciones y el mercado".

Además de la definición de una verdadera ruptura y de una acción con tendencia alcista, Boyd abordó algunas de las señales que confirman una buena acción. Continuó: "Una buena acción es aquella que nos hace ganar dinero. Independientemente de lo buena que sea la gestión de una empresa o sus productos, si no se puede ganar dinero con las acciones, éstas son inútiles. Del mismo modo, independientemente de lo mal que esté dirigida una empresa o de lo pobres o poco rentables que sean sus productos, si las acciones me hacen ganar dinero, entonces son buenas. La única acción buena es la que me hace ganar dinero. Si una acción no puede hacerme ganar dinero, entonces es una acción pésima".

"Además de la acción del precio y del volumen, también busco señales adicionales de confirmación. Como he dicho antes, lo confirmo todo. Una tendencia no comienza en el vacío. Se necesita tiempo para terminar una tendencia. Se necesita tiempo para empezar una tendencia. Se necesita tiempo para cambiar o invertir una tendencia. Por lo tanto, todo punto de inflexión debe ser confirmado. Entre algunas de las señales de confirmación habituales se encuentran la fuerza de las acciones hermanas y la acción del precio/volumen del índice".

Le pedí que me explicara qué quería decir con "acciones hermanas". Boyd dijo: "Si el negocio es supuestamente bueno para todo el sector de la construcción de viviendas, se deduce que todos los valores de construcción de viviendas deben ir bien. Entre los numerosos valores de la construcción de viviendas, habrá uno o dos líderes que se hayan adelantado y hayan iniciado su tendencia alcista en primer lugar. El resto de los valores de construcción de viviendas son valores hermanos, ya que pertenecen al mismo sector que los dos líderes. Uno o dos líderes liderarán el grupo, pero el resto les seguirá y actuará como señal de confirmación o como valores hermanos. Desconfío cuando el grupo no muestra fortaleza entre los valores hermanos. En ausencia de valores hermanos, estamos hablando de un valor monopolista que lo hace bien en un grupo o de un valor que lo hace bien en un grupo débil. Si hay un valor monopólico que va bien en un grupo débil, podría seguir interesándome por ese valor debido a su condición de monopolio. Sin embargo, si no hay estatus de monopolio y vemos una acción líder en un grupo débil, sigo dudando en considerar dicha acción como una compra potencial".

Después del almuerzo, Boyd continuó hablando de la acción precio/volumen, ya que parecía estar desconcertado por la gran resistencia que el público en general tenía a mantener las cosas simples. Se asombraba de que algún charlatán con los últimos artilugios y alguna fórmula recién descubierta junto con alguna jerga técnica pudiera vender al público su último secreto para batir el mercado. Sin embargo, la simplicidad de hacer movimientos ganadores se le escapaba a la mente humana. Incluso después de décadas de acción en el mercado, Boyd seguía confundido por la mentalidad humana. Nunca pudo entender la necesidad que cada uno de nosotros tenía de sentirse inteligente y superior al mercado. La trampa estaba en la necesidad de ser superior y en la necesidad de sentirse inteligente. Esa necesidad ha sido, está siendo y será en el futuro explotada fácilmente y con gran éxito por la maquinaria para vender al público una "nueva forma de vencer al mercado". En un lenguaje sencillo, se trata de otro esquema para hacerse rico rápidamente.

He abordado el tema del análisis fundamental a Boyd. Tras el colapso de Internet y el boom de las puntocom, las ganancias se habían convertido de repente en la palabra "dinero". Hoy en día, los corredores de bolsa y las personas con información privilegiada se encargarían de dar bombo a un buen informe de ganancias para ayudar a mover una acción o ayudar a vender la acción al público. Boyd dijo: "Una vez más, me impresiona el elemento humano para ayudar a hundir una cuenta de comercio de acciones. Todo en el mercado gira en torno al futuro. Nada tiene que ver con el presente o el pasado. La gente compra acciones hoy para venderlas en el futuro a un precio mayor. En otras palabras, el pasado no tiene nada que ver con el precio futuro de una acción. Tampoco el presente tiene nada que ver con el precio de una acción. Todo tiene que ver con la anticipación del crecimiento futuro. El crecimiento de los beneficios pasados no tiene nada que ver con el futuro. Lo único que importa son los beneficios previstos".

Aquella tarde se hacía tarde. Así que decidí lanzar una última pregunta: "Has dicho muchas veces que la acción precio/volumen es todo lo que hay que saber y que uno debe limitar sus operaciones a no más de 5 o 7 operaciones al año. ¿Cómo se puede llevar a cabo esa tarea?".

Boyd fue sencillo y claro en su respuesta. Explicó: "Tiene que haber un conjunto de reglas que me mantengan en los buenos mercados mientras las buenas condiciones estén vigentes y no por un día más. Del mismo modo, las reglas deben mantenerme fuera de los mercados malos mientras existan las malas condiciones y ni un día más. Y lo que es más importante, las reglas que me mantienen en los mercados buenos deben ser también las mismas que me mantienen fuera de los mercados malos. No puede haber dos conjuntos de reglas: uno para los buenos mercados y otro para los malos. Es imposible tener dos conjuntos de reglas ya que se volverán contradictorias y, lo que es más importante, ya es bastante difícil atenerse a un conjunto de reglas, dejar a lo largo de dos conjuntos de reglas".

"¿Por qué no cubrimos las reglas una por una en los próximos días? Sin embargo, para ir al grano, la única forma sencilla en la que intento limitar mis operaciones es exigiendo un volumen inusual en la ruptura. ¿Qué es inusual? Exijo que mi compra potencial muestre su volumen medio diario de negociación de acciones que cambian de manos en la primera hora de negociación. ¿Por qué? Bueno, al exigir un volumen tan inusual, estoy automáticamente limitado a un puñado de operaciones en un año determinado. Hablaré más de esto en los próximos días".

Resumen:

Asegúrate de que está clara la diferencia entre una verdadera ruptura y una ruptura ordinaria. Aprende los fundamentos de una acción con tendencia alcista y su período de consolidación, descanso o base. Conoce tus propios elementos humanos y pon reglas a tu alrededor para evitar que los elementos humanos tomen decisiones por ti.

CAPÍTULO 9

PATRONES DE GRÁFICOS, SCHMATTERNS - ¿A QUIÉN LE IMPORTA?

A la mañana siguiente, cuando me dirigí a la casa de Boyd y me acer-qué a él junto a la piscina, me di cuenta de que llevaba una pila de gráficos. Aunque me consideraba un experto en gráficos, sabía lo suficiente sobre el mercado como para saber que no lo sabía todo. Después de intercambiar saludos, le pregunté a Boyd: "¿Hoy es todo sobre gráficos?". Sonrió, asintió y dijo: "Como es típico en todas las cosas del mercado, los gráficos tienen que ver con el equilibrio y la confirmación. No hay una respuesta mágica única. Sin embargo, es definitivamente una pieza gigante del rompecabezas. Voy a revisar algunos de los comentarios que hice hace unos días. He aprendido que los humanos tenemos una memoria muy corta. La repetición es la única cura para el elemento humano en el mercado".

Ha sido durante mucho tiempo un punto de controversia entre los que confían en los gráficos para leer el mensaje del mercado y los que buscan indicadores económicos para ver la dirección del mercado, en cuanto a la importancia (si es que hay alguna) que debe darse a los gráficos. He recorrido ambos caminos en las últimas décadas, y la experiencia me ha demostrado una y otra vez que la "interpretación adecuada de los gráficos" tiene un valor incalculable. Además de aprender de la experiencia, está claro para los que sabemos algo de los grandes que ningún individuo de este planeta puede superar en investigación lo que hacen los grandes. Los que trabajan en Wall Street o cerca de él saben muy bien que los grandes tienen muchas oficinas exclusivamente para el personal de investigación. Los Goldmans, Lehmans, Bear Stearns de este mundo no solo tienen muchas oficinas y muchos empleados, sino que tienen pisos enteros de departamentos de investigación. No hay forma de que ninguno de nosotros, individualmente, pueda hacer en investigación lo que hacen estos grandes. Tienen a los más inteligentes, a los más brillantes, a los jóvenes y a los mayores, a los experimentados, a los conocedores de la tecnología, a los conocedores de los gráficos y a las mentes contables que desmenuzan cada balance, que estudian cada modelo económico, que hacen cada proyección econométrica, que leen cada gráfico, que hablan con cada uno de los directores generales de los valores que siguen, que visitan las empresas que estudian, que hacen estudios de mercado sobre la competencia, etc. Después de todo ese trabajo, inversión en talento humano y equipo tecnológico, solo un 10-15% de los grandes acaban superando al mercado. Aunque tienen muchas ventajas, tienen un gran inconveniente: cuando adquieren compromisos, tienen que acumularlos durante meses y años. Y cuando liquidan sus participaciones, tienen que hacerlo durante meses y años. Esto se debe a la gran cantidad de fondos que manejan. Estos fondos no pueden entrar o salir de las acciones en un día, una semana o un mes. Este problema por sí solo equilibra sus ventajas y hace que el campo de juego sea parejo para los especuladores individuales como nosotros. Las personas como nosotros tenemos la ventaja de que podemos permanecer en efectivo durante el tiempo que deseemos o mientras las probabilidades de ganar sean débiles. Podemos entrar y salir fácilmente sin afectar al mercado".

"La mayor ventaja que tenemos es que podemos 'ver' qué acciones están tomando los grandes después de haber hecho toda su exhaustiva investigación. Esto lo 'vemos' en los gráficos. Esta es una de las razones, y una de las más importantes, por las que tengo una enorme convicción en la capacidad de un buen lector de gráficos. Pero como en todo, hay buenos lectores de gráficos y hay malos. Los buenos se asegurarán de no ver algo que no existe. Los malos verán lo que desean ver en lugar de lo que es realmente visible. Esa línea es muy fina y se cruza fácilmente incluso por los más experimentados. Los grandes ya han hecho todos los estudios técnicos que existen e incluso han hecho estudios que nadie conoce y que solo el personal técnico interno de los grandes conoce. Después de todos esos estudios, entonces actúan (compran, venden, mantienen, se retiran) y sus acciones se verán en los gráficos - si uno sabe leerlos correctamente".

"De acuerdo -pregunta entonces-, pero los grandes también leen los gráficos. Así que están leyendo lo que somos. Y ven lo que somos. ¿No lanzarán entonces alguna pista falsa para estropear el panorama y confundir a gente como nosotros? Por supuesto que sí. Estas pistas rojas se llaman "falsas" o "sacudidas". Pero he aquí que la lectura de los gráficos .... es un área en la que podemos ser mejores que los grandes. Además, debido a la forma en que tienen que construir sus posiciones y vender sus posiciones, los 'fakeouts' y 'shakeouts' serán mínimos en los buenos mercados y abundantes en los malos. En consecuencia, acaban confirmando las señales del mercado a través de sus acciones sin importar las condiciones del mercado".

"Recuerden la comparación que hice del mercado con una búsqueda del tesoro. Todos los participantes tienen el mismo objetivo: encontrar el tesoro. Cada participante recibe una serie de pistas para empezar el juego. Algunos son mejores para descifrar las pistas y pasar de un poste a otro. Cada poste ofrece pistas adicionales que conducen al siguiente poste si la pista se descifra correctamente. En el camino, algunos mojones tienen pistas "malas" o "falsas" que son pistas falsas. Sabemos que las pistas falsas se lanzan en un sendero para confundir a los perros que siguen los olores. Del mismo modo, estas pistas "falsas" se ofrecen para despistar al participante. Algunos participantes son excepcionalmente inteligentes y descifran todas y cada una de las pistas correctamente y descartan las pistas "falsas" y acaban llegando al tesoro primero y más rápido. Estos participantes son extremadamente raros y no hay muchos como ellos. Hay un segundo grupo de participantes que también es muy inteligente, aunque no tanto como el primero. Este segundo grupo de participantes descifra algunas de las pistas por sí mismo, pero tiende a "seguir" al primer grupo y, por lo tanto, es capaz de mantenerse cerca del primer grupo. El primer grupo sabe que hay un segundo grupo "siguiéndolo" de cerca y, por lo tanto, el primer grupo intenta lanzar alguna "sacudida" para tratar de despistar al segundo grupo. Finalmente, el segundo grupo alcanza el tesoro, aunque con un ligero retraso respecto al primer grupo. Estos dos grupos se llevan el tesoro más grande. El resto de los participantes van desde los mediocres, los que están algo perdidos, hasta los que están totalmente perdidos y despistados. Nosotros pertenecemos al segundo grupo... ya que "seguimos" lo que hace el dinero inteligente "viendo" sus acciones en los gráficos y a través de nuestra propia resolución de algunas de las pistas".

Sabía que Boyd era un gran lector de gráficos. Así que le pedí que cubriera los fundamentos y lo esencial de la lectura de gráficos. Como la mayoría de las habilidades relacionadas con el mercado, el mayor peligro está siempre en tratar de encontrar una respuesta mágica cuando ésta nunca existe. Las habilidades de lectura de gráficos se desarrollan a lo largo de años de lectura de gráficos una y otra vez. Es lento, aburrido y doloroso para los ojos. Pero de todas las habilidades que se pueden desarrollar, la lectura correcta de cartas es una de las que es como aprender a montar en bicicleta. Una vez aprendida, la habilidad nunca se pierde. Puede oxidarse un poco si no se utiliza constantemente. Sin embargo, el óxido desaparece cuando se vuelve a practicar.

Hay muchos libros sobre gráficos y análisis técnico en el mercado. Algunos muy buenos y la mayoría no tan buenos. El libro de William Jiler "How charts can help you in the stock market" es el mejor que existe y que escribió hace décadas.

Boyd dijo: "He visto a algunas de las personas más inteligentes perder sus cortos en los mercados porque no tienen respeto por los gráficos. Ha habido muchos que son tan inteligentes que el galimatías técnico como las ondas de Elliot, los números de Fibonnacci, el MACD, el estocástico, las bandas de Bollinger, etc. les resultan fáciles y, como resultado, no respetan la simplicidad de la acción del precio/volumen. Estas personas inteligentes han perdido sus fortunas confiando en algunos estudios científicos hipertécnicos y de vanguardia cuando la respuesta es siempre simple y sencilla y está justo delante de nosotros. Los seres humanos tenemos esa extraña capacidad y deseo de complicar hasta la más sencilla de las tareas. Lo hacemos porque tenemos ese deseo de demostrarnos a nosotros mismos y a los demás que somos más inteligentes de lo que somos".

"Como todo en el mercado, la lectura de gráficos puede simplificarse o complicarse en exceso. Yo creo en mantener las cosas simples. No me gusta confundirme. En cuanto algo empieza a hacer que se me nublen los ojos, sé que estoy en problemas. Por eso me empeño en que todo sea lo más sencillo posible. Al leer los gráficos, me confundo cuando miro los gráficos diarios. Los gráficos diarios son demasiado ruidosos. Muestran demasiada volatilidad y aumentan los mensajes contradictorios. Me baso únicamente en los gráficos semanales. Los gráficos semanales son mucho más suaves. Además, no tengo que prestar mucha atención a toda la jerga que utilizan los chartistas como... tazas, platillos, banderines, cuñas, banderas, cabeza y hombros, líneas de cuello, etc. Pueden o no tener su utilidad. Probablemente, el uso es para los scalpers de corto plazo. Yo no soy un scalper. Así que estas definiciones de gráficos no se aplican a mí. La única formación gráfica a la que presto atención se ha mostrado aquí".

En esta coyuntura dibujó la figura de abajo que ha sido marcada como la Figura 9. Se trata de la misma figura que en la figura 8b pero mostrando el volumen junto con los precios. La sencillez con la que Boyd explicó este gráfico me sorprendió. Señaló la tendencia alcista anterior y dijo: "Esto es absolutamente esencial para mí. Debo saber con certeza que la acción ha demostrado su capacidad de subir de precio. Además, esta capacidad de subir los precios debe ser con un volumen creciente. Esto me indica que hay un gran interés de compra en la acción. Cuando una acción tiene tal interés de compra, es poco probable que se venda. Una vez que la tendencia alcista se ha detenido para una fase de descanso o la fase de consolidación, el volumen debe comenzar a enfriarse. Cuanto más se contraiga el volumen, mejor será la acción. Cuando el volumen muere después de que una acción alcista suba de precio por volumen, me dice que todos los compradores que compraron durante la fase alcista no están dispuestos a vender. La consolidación de un volumen bajo indica que los precios serán más altos si todos los compradores están muy convencidos de la tendencia alcista de la acción".

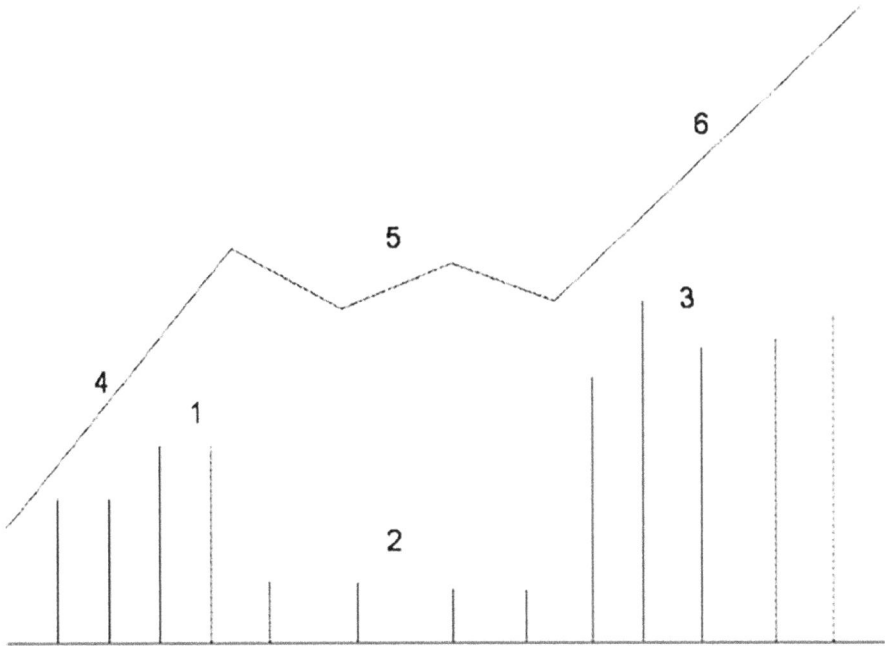

Figura 9. Una verdadera ruptura con una
sólida acción precio/volumen

1 = volumen creciente durante la tendencia alcista anterior

2 = contracción del volumen durante la fase de reposo o consolidación

3 = el volumen salta a los niveles más altos en el historial de volumen de
negociación de la acción

4 = zona de precios de la tendencia alcista anterior

5 = fase de consolidación - el precio máximo durante esta fase es un "techo"
hasta que la acción rompe por encima de este precio "techo". Una vez que
se rompe por encima del precio "techo", el "techo" se convierte en el precio
"suelo", que normalmente no se vuelve a penetrar hacia el lado bajista

6 = se reanuda la tendencia alcista

"Cuanto más estrecho sea el rango de precios durante la consolidación, mejor. Esto aumenta la convicción de que nadie está dispuesto a vender la acción. En una acción perfecta, el rango de precios de la consolidación no superaría el 10-20% y el volumen se contraería claramente con al menos una o dos semanas de volúmenes de negociación que se reduzcan muy por debajo del 50% del volumen semanal normal. Y cuando la acción perfora su máximo anterior en volumen, ha despejado psicológicamente un techo o la banda de resistencia superior. Una vez que se produce una verdadera ruptura como ésta, este techo se convierte en el suelo del precio de la acción. Una verdadera ruptura nunca se situará por debajo de este precio mínimo y comenzará una tendencia alcista realmente exitosa".

Los chartistas se confunden y son presa del ruido al prestar demasiada atención a las formas, los patrones y las formaciones predefinidas en los gráficos diarios. Los gráficos diarios se prestan a más lecturas falsas que los semanales. Además, no quiero definir un patrón y caer en la búsqueda de señales en los gráficos diarios. La acción precio/volumen durante la tendencia alcista previa y durante la fase de consolidación es mucho más importante que las llamadas formas y patrones predefinidos en los que se basan la mayoría de los chartistas".

"No soy un gran fan de las tazas, platillos, banderines y banderas que muchos chartistas acérrimos utilizan. Yo veo la imagen a mi manera. Todo el mundo ve la misma imagen de diferentes maneras. Al utilizar patrones y formaciones para definir un gráfico, incluso los chartistas más experimentados verán una imagen con un sesgo. Yo quiero evitar el sesgo. Por lo tanto, me baso en las formas más simples de interpretación del gráfico. Que es puramente la acción del precio y el volumen en los gráficos semanales".

Pensé que esto era demasiado simplista. Se lo comenté a Boyd. Su respuesta fue sencilla. Dijo: "Esa es la cuestión. No quiero ver nunca algo que no existe. Para ello, debo mantener las cosas en el nivel más simple. Así me aseguraré de no caer en las numerosas trampas que me tenderá el mercado".

Resumen:

Presta atención a la acción del precio y del volumen en los gráficos semanales. Intente asegurarse de no ver lo que no existe. El sesgo de ver lo que uno desea ver es mucho más frecuente de lo que uno nunca sabrá. Aprenda a interpretar los gráficos con la práctica. Una acción debe mostrar volumen durante su fase alcista para demostrar que el interés de compra es grande. Una acción debe consolidar o descansar en un volumen bajo para confirmar que el interés de venta es inexistente. Una ruptura hacia nuevos máximos debe producirse con un volumen inusual.

CAPÍTULO 10

LAS RUPTURAS SON BUENAS APUESTAS

Aunque Boyd no se explayó demasiado en las llamadas definiciones de patrones específicos y estaba más interesado en mostrar las generalidades de los gráficos, mencionó que los verdaderos patrones de ruptura son apuestas sólidas. Una ruptura, por definición, es una acción que rompe con un volumen extremadamente alto. Una acción de ruptura muestra generalmente el mayor volumen de un día en su historia cuando hace nuevos máximos históricos. Este movimiento se amplifica debido a la explosión de volumen cuando el título se abre paso hacia una nueva zona de máximos. Un hueco al alza es una zona de precios que se "salta" una acción debido a la tremenda demanda de compra. Una ruptura simple se muestra en la figura 10 a continuación.

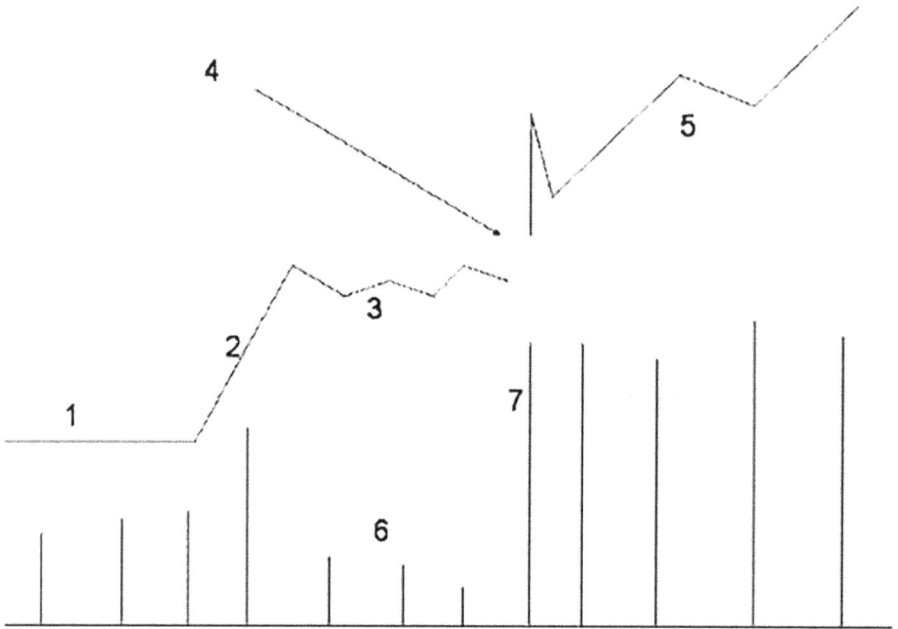

Figura 10. Una verdadera ruptura

1 = fase de base lateral larga

2 = una fuerte tendencia alcista que comienza a hacer nuevos máximos de precios

3 = fase de descanso o consolidación

4 = hueco de ruptura

5 = continuación de la tendencia alcista tras la fase de reposo o consolidación

6 = volumen muerto durante la fase de reposo

7 = mayor volumen de negociación mostrado en el historial de negociación de la acción

El patrón de base largo anterior y la tendencia alcista posterior son lo suficientemente claros para ver y entender ya que las lecciones anteriores abordaron estos asuntos. El punto de ruptura es el único diferente en las rupturas. En el ejemplo que se muestra, se observará que el volumen de acciones negociadas en el día de la ruptura es el mayor volumen de comercio de un día de la acción. El precio en sí mismo sube hasta una nueva zona de precios máximos. El valor sube cuando cierra el día anterior a un precio que está dentro del rango de precios base. Sin embargo, el precio de apertura del día de la ruptura está muy por encima de la zona de base y, normalmente (pero no siempre), el precio de apertura está cerca del precio mínimo del día de la ruptura. La ruptura va acompañada de un volumen explosivo, ya que el valor suele cotizar fácilmente entre seis y diez veces su volumen medio diario. Aún más notable es la confirmación que se muestra en los gráficos semanales de la acción, ya que el volumen semanal de negociación será también el mayor volumen semanal de la historia de la acción.

Sin embargo, al igual que todos los valores verdaderamente ganadores, negociar una ruptura con eficacia es algo complicado. A veces, la ruptura puede probar los precios hasta un 10% por debajo del mínimo del día de la ruptura. Lo que significa que un stop-loss estándar del 10% puede ser eliminado muchas veces antes de que comience la verdadera tendencia alcista. En las rupturas, por lo tanto, Boyd permitiría hasta un 15% de stop-loss por debajo del precio de compra. Dado que la primera entrada sería mínima en dólares, la prueba de compra se permitiría el margen de maniobra adicional solo porque las probabilidades de un movimiento verdaderamente grande eran mucho más altas en las verdaderas rupturas.

Como todo lo demás en el mercado de valores, también requería que un especulador serio mantuviera el distanciamiento y considerara cada ruptura por su propio mérito individual. También requiere que uno sea muy específico sobre la definición de una ruptura. No todos los huecos ni todas las grandes explosiones de volumen son rupturas. Una ruptura es única y la única definición es la que se muestra en la figura 10. Es primordial, como decía Boyd, no ver nunca algo que no está ahí.

Además, una ruptura no hace su gran movimiento en un día o una semana. Se necesitan meses para hacer el verdadero movimiento. La eficacia y el éxito de las operaciones y el éxito de la pirámide que se puede hacer con ella dictarán el rendimiento de estos movimientos potencialmente explosivos.

Resumen:

Las rupturas son apuestas sólidas si se producen pronto, justo antes o después de que se inicie una verdadera tendencia alcista del mercado. Si uno puede operar con las rupturas de manera efectiva, se necesitarán muy pocas operaciones durante cualquier ciclo de mercado para superar a los principales índices. Aunque las rupturas son apuestas sólidas, aprender a operarlas correctamente es muy importante. Las rupturas hacia el final de un ciclo de mercado suelen significar una acción en la cima. Hay que tener cuidado de interpretar en qué momento del ciclo de mercado se encuentra, antes de considerar grandes compromisos en una acción de ruptura.

CAPÍTULO 11

LAS REGLAS DE LA ESPECULACIÓN Y LOS FUNDAMENTOS

Hay más de decenas y cientos de servicios en el mercado que pregonan tener un programa especial que supera al mercado. Todos ellos afirman haber llegado a tal afirmación mediante "back-testing". El "back-testing" no es más que un truco para mostrar enormes rendimientos. El "back-testing" significa ajustar los puntos de compra y venta y los programas para que se "ajusten" a un movimiento de una acción o de un grupo de acciones que ya han terminado sus movimientos. Lo que el hombre común no entiende es que uno puede idear cualquier programa y encontrar un conjunto de acciones que se "ajusten" al programa a posteriori. Es un hecho que ningún programa de este tipo ofrece tales movimientos antes del hecho y tampoco muestran nunca una acción ganadora "durante" el movimiento.

Si pensáramos en lo obvio, nos daríamos cuenta de que si existiera un programa tan exitoso, el creador del programa haría su agosto en los mercados usando su programa en lugar de tratar de comercializar su programa al público.

Sin embargo, como Boyd había explicado en una de sus primeras lecciones, mientras sigamos buscando la respuesta mágica que bata al mercado todo el tiempo, estaremos destinados a seguir perdiendo. Cuanto antes nos demos cuenta de que batir al mercado requiere tiempo, trabajo duro, disciplina, paciencia y muchos años de aprendizaje, antes podremos empezar a prepararnos para enfrentarnos a lo más inteligente que existe: el mercado.

Además de todas las numerosas lecciones que debemos aprender para tener éxito en la especulación, una de las más importantes es la de la gestión del dinero. La gestión del dinero es una técnica tan importante como cualquiera de las otras técnicas importantes para obtener ganancias sólidas en un buen mercado y mantenerse alejado de los problemas en los malos mercados. También es una de las lecciones más difíciles de aprender. Los mayores obstáculos en el aprendizaje de los principios de gestión del dinero son los culpables habituales: la codicia, el miedo, la esperanza, el exceso de confianza, la arrogancia, las ilusiones, la falta de confianza y la desesperación. Lo bueno de estos enormes obstáculos es que todos son fallos humanos. Si bien la superación de los fallos humanos plantea grandes retos, también permite superar estos fallos con un conjunto de reglas. Las reglas están siempre presentes para evitar los errores humanos.

El operador del mercado debe aceptar ante todo el hecho de que solo hay dos elementos en el mercado. Uno es el "elemento ganador" y el otro es el "elemento humano". Es obvio para la mayoría de nosotros que todas las pérdidas importantes que uno experimenta en el mercado se deben al "elemento humano". Del mismo modo, todas las victorias importantes en el mercado se deben al "elemento ganador". Mientras Boyd seguía explicando el funcionamiento de un especulador de éxito, le mencioné que necesitaba algunas aclaraciones sobre los términos "el elemento ganador" y "el elemento humano".

Como es habitual, sus explicaciones fueron sencillas. La respuesta sencilla es que "el elemento ganador" es la parte de la operación de un especulador que conduce a grandes ganancias en los mercados buenos, a ganancias menores en los mercados mediocres y a pérdidas menores o nulas en los mercados malos. La explicación sencilla de "el elemento humano" es aquella parte de la actuación de un operador novato que conduce a ganancias menores en los mercados buenos, a grandes pérdidas en los mercados mediocres y a la devastación total en los mercados malos.

El mercado solo puede ofrecer uno de los cinco resultados: ganancias mayores, ganancias menores, equilibrio, pérdidas menores o pérdidas mayores. El "elemento ganador" es el responsable de las grandes ganancias, las pequeñas ganancias, el punto de equilibrio y las pequeñas pérdidas. El "elemento humano" es responsable de las ganancias menores y las pérdidas mayores. Dado que solo hay dos elementos en el mercado, es primordial que nos concentremos en aprender todo lo que podamos sobre los "elementos ganadores" y los "elementos humanos". Luego debemos aprender a aceptar y ejecutar todo lo que podamos sobre "los elementos ganadores". Al mismo tiempo, debemos aprender y evitar a toda costa ejecutar todo lo que podamos sobre "el elemento humano".

En esta época de ordenadores y software, existe un gran mito y un gran segmento equivocado de los participantes en el mercado que piensa que un programa o un software es la respuesta para evitar el "elemento humano". El software y los programas no son más que otro gancho de la maquinaria de Wall Street para vendernos a los crédulos la respuesta mágica para vencer al mercado. No hay respuestas mágicas. Las respuestas están realmente dentro de cada uno de nosotros. Debemos saber todo lo que podamos sobre nosotros mismos y aprender sobre todas nuestras debilidades y fortalezas como seres humanos. Una vez que sepamos quiénes somos y cuál es nuestra personalidad, entonces podremos poner en práctica y seguir una serie de reglas que nos mantendrán alejados de los problemas en los malos tiempos y nos mantendrán plenamente en posición en los buenos tiempos".

Boyd continuó diciendo que las reglas que él seguía y las que defendía ante sus lectores funcionaban para él y para la gente que tenía personalidades como la suya. Le pedí que explicara cómo describiría su personalidad. Una vez más, sus palabras fueron sencillas y directas. Dijo que era un especulador y que estaría interesado en colocar su dinero solo cuando ganar a lo grande tuviera una buena probabilidad. Colocaría pequeñas cantidades en el mercado para probar primero que su visión del mercado era correcta. Si empezaba a ganar dinero con sus pequeñas compras de prueba, empezaba a aumentar sus posiciones con cuidado, asegurándose siempre de colocar topes de venta para no perder nunca una acción ganadora. Si las compras de prueba mostraban pérdidas tras pérdidas al alcanzar sus precios de stop-loss, se mantendría fuera del mercado hasta que viera que las condiciones habían mejorado. Nunca quiso devolver al mercado más que una cantidad insignificante de lo que extraía del mercado. Y, sobre todo, nunca confió en nadie más que en sí mismo. Partía siempre de la base de que el mercado es malo. Entonces, era el mercado el que debía demostrarle que estaba equivocado y convencerle de que el buen mercado había llegado para quedarse, antes de que pudiera colocar grandes cantidades de fondos en sus posiciones.

Fue entonces cuando Boyd empezó a entrar en sus reglas de especulación. Antes de que me diera cuenta ya estaba hablando de su primera regla de "no hacer daño". Aunque ya había cubierto los términos antes, ahora entró en sus reglas paso a paso.

Primera regla de la especulación: primero, no hacer daño

Aunque decir "primero, no hacer daño" es bastante fácil, poner en práctica y ejecutar la regla es difícil para la mayoría de los novatos. Los operadores experimentados ven esto como algo natural y lo hacen sin pensarlo dos veces. En lecciones anteriores hemos visto que el participante normal del mercado por primera vez, o cualquier participante del mercado, viene con un gran mensaje telegrafiado cuando busca riquezas en el mercado. El mensaje se telegrafía a todos los buitres que hay por ahí, que una nueva fuente de capital ha llegado al mercado. Los buitres revolotean por encima de nosotros tratando de buscar el próximo trozo de carne que devorar. En cuanto llega el mensaje a los buitres de que llega un nuevo trozo de carne, el descenso es rápido y el ataque también.

En cuanto un participante abre una cuenta, de repente se le ofrece todo tipo de información, buena, mala e indiferente. La sobrecarga de información es enorme. El ruido y la distracción creados son inmensos. La decisión de gastar el capital de negociación se toma, se empuja, se exagera, se alienta y se coacciona de diversas formas que van desde la presión sutil hasta la prepotente. Con tal bombardeo de información, el participante tiene muy pocas posibilidades de sobrevivir a la embestida de los buitres.

Boyd dice que la primera prueba para la mayoría de los nuevos participantes es controlarse a sí mismos y ver si pueden soportar al menos un periodo de tres meses sin comprar nada. Si pueden sobrevivir un periodo de tres meses sin gastar un centavo de su capital comercial, pueden tener la oportunidad de superar al mercado.

Especular con éxito no es fácil y requiere una mentalidad muy especial. Esa mentalidad no existe entre la gente común. Dado que es un hecho que más del 80% de la gente que acude al mercado perderá a largo plazo, los buitres no tienen piedad. Desplumarán la cuenta de explotación hasta que no quede nada. Cuando solo uno de cada cinco puede salir adelante al final de cualquier ciclo de 10 años, los buitres no tienen ningún incentivo para advertir a la presa de la inminente perdición. En el país de los despiadados, el buitre que se atreve a advertir a la presa pasa hambre.

En la larga historia del mercado de valores, casi todo el mundo ha ganado algo de dinero con alguna acción en algún momento. Esa no es la prueba, aunque sí el recuerdo. Es un hecho que la mayoría devolverá al mercado más de lo que sacará del mismo. Sin embargo, ese no es el recuerdo, ya que la mayoría no recordará sus pérdidas. La mayoría recordará las raras victorias y, usando eso como indicador, se esforzará por repetir esa victoria a pesar de las numerosas pérdidas en el camino que demuestran que tales victorias son raras de conseguir. Es una hermosa trampa orquestada por el mercado para ofrecer migajas en la tentación y así, establecer el aguijón que matará la mayoría de las cuentas.

Nadie aconseja nunca a un comprador que no compre. Eso es una tontería ya que el comprador ya ha telegrafiado su intención de comprar independientemente de las condiciones. Ha abierto una cuenta de operaciones y ya ha buscado información sobre "qué es una buena compra". Es una señal gigante para los buitres que dice: "Aquí estoy. Vengan a por mí. El que me atrape primero se llevará el mayor bocado". Una vez que se ha establecido la tendencia de que el mercado es una compra, el participante en el mercado tiene muy pocas posibilidades de salir indemne, a menos, por supuesto, que se produzca un mercado alcista salvaje. En un mercado alcista salvaje, incluso los peores valores suben. Sería muy difícil perder en un mercado alcista salvaje. Un mercado alcista salvaje, por definición, es un mercado que es como una burbuja y todos los precios de las acciones parecen moverse hacia arriba.

Segunda regla de la especulación: comprueba tu lista de verificación antes de comprar

Boyd volvió a los fundamentos que había tratado en las lecciones anteriores. Y elaboró una pequeña lista de comprobación que marcaría para confirmar que el mercado era el adecuado para colocar sus compras de prueba. Su lista de comprobación era la siguiente:

- ¿Está el mercado general en una tendencia alcista?

  Para confirmar que el mercado estaba realmente en una tendencia alcista, Boyd utilizaba gráficos semanales para ver que el Dow, el S&P500, el Nasdaq y los Transports no entraran en conflicto con "máximos y mínimos más altos". Si efectivamente el mercado estaba en una tendencia alcista o parecía estar iniciando una tendencia alcista, marcaría este punto de su lista.

- ¿Veo algún movimiento de acciones del tipo 4/20?

  Como se ha explicado en lecciones anteriores, un movimiento de tipo 20/4 en la definición de Boyd era una acción que rompía a nuevos precios altos en volumen después de consolidar durante algunas semanas y luego hacer al menos un movimiento del 20% desde su precio de ruptura en 4 semanas. Él añadiría un requisito adicional: todos los movimientos del tipo 20/4 nunca deberían estar por debajo de su precio de compra fijado como el último máximo de la fase de consolidación.

- ¿Veo la acción del precio y del volumen que confirma todo lo que veo?

Además de que los índices muestren signos de una tendencia alcista, su acción de volumen debería confirmar que las compras están llegando con un volumen mayor. También debe haber una confirmación similar en los principales valores del tipo 20/4.

Tercera regla de la especulación: si no puedo ganar dinero con las compras de prueba, no puedo ganar dinero con los grandes fondos

Aprendí muy pronto que la cantidad de capital comercial no dicta el éxito. Si no puedo ganar dinero con un pequeño porcentaje de mi capital comercial, no puedo ganar dinero con un porcentaje mayor de mi capital. En otras palabras, si no estoy en lo cierto sobre la tendencia del mercado y la tendencia de mi acción, no importa si pongo 10.000 dólares o 1 millón de dólares en la acción, seguiré teniendo pérdidas.

Un especulador inteligente observa primero los acontecimientos del mercado. Si el mercado parece estar registrando máximos y mínimos más altos con la confirmación del volumen, entonces busca los valores individuales líderes para obtener señales adicionales. Si los valores líderes individuales confirman la acción del mercado, entonces prueba el mercado y los valores para confirmar si lo que está viendo es lo que realmente está ocurriendo. Esta compra de prueba suele ser una cantidad muy pequeña de su capital de negociación global. Boyd utiliza entre el 5 y el 10% de su capital de negociación como cantidad de compra de prueba. La compra de prueba es una forma de superar el obstáculo de "no se debe permitir que el deseo se convierta en el padre del pensamiento". Al desear un mercado alcista, uno no debe ver una tendencia alcista inexistente. Las pruebas de compra confirmarán o negarán la tendencia del mercado. Si las compras de prueba empiezan a generar dinero, entonces y solo entonces se puede contemplar la posibilidad de colocar fondos cada vez más grandes en el mercado.

Cuarta Regla de la Especulación - Utilizar siempre un stop-loss para proteger la cuenta de uno mismo

Un stop-loss es una cantidad máxima predeterminada de pérdida que uno está dispuesto a aceptar en cualquier operación. Esto es lo suficientemente sencillo como para que los especuladores más experimentados lo entiendan y lo apliquen. Boyd utiliza un stop-loss del 10% y otros utilizan una cantidad diferente. La idea de un stop-loss predeterminado es evitar convertirse en lo que Livermore solía llamar "un tenedor involuntario de acciones". Si una acción se compró a 50 dólares por acción y después de algunos días y semanas cayó a 45 dólares por acción, la acción vale 45 dólares. Si uno mantiene las acciones "con la esperanza de que vuelvan a subir", entonces está "involuntariamente" en posesión de las mismas. El operador realmente no quiere esta acción que está bajando de precio, pero la mantiene a pesar de su disgusto por la acción solo con la esperanza de que vuelva a su precio de equilibrio. ¿Y si la acción sigue bajando y llega a los 40 dólares? Y si unos días más tarde la acción alcanza un precio de 35 dólares. ¿Y entonces qué? De nuevo, el participante típico seguiría manteniendo la acción "involuntariamente" con la esperanza de que el precio vuelva. Todas las pérdidas importantes en el mercado comienzan de forma lenta e insignificante. Para cuando las pequeñas pérdidas se han convertido en grandes pérdidas, suele ser demasiado tarde para rectificar el daño.

El stop-loss es un mecanismo que indica al especulador que está equivocado. Si se equivoca sobre la dirección del mercado y/o sobre la dirección de una acción, la única manera de saberlo es cuando la acción o el mercado empiezan a moverse en su contra. Si el precio del stop-loss es alcanzado y el especulador es sacado del mercado, es el mercado el que le envía un mensaje de que su perspectiva original del mercado era probablemente errónea. Si no se dispone de un stop-loss, es muy fácil convencernos de no vender cuando deberíamos hacerlo. Necesitamos protegernos de nosotros mismos, ya que seremos la principal causa de que el mercado nos derrote. Esta es la póliza de seguro contra el "elemento humano" del que hablamos antes.

La única razón por la que compramos acciones es para ganar dinero con la subida de sus precios. Si las acciones no suben de precio, no hay necesidad de comprarlas. Si las acciones suben de precio, entonces no se necesita ninguna otra señal, ya que las acciones nos están demostrando, a través de sus precios crecientes, que estamos en lo cierto. Si tenemos razón en una pequeña compra de prueba, es muy probable que tengamos razón en cantidades mayores de fondos. Por lo tanto, una vez que las compras de prueba obtienen ganancias, estamos preparados para colocar fondos más grandes en el mercado con más confianza.

Quinta Regla de la Especulación - La tendencia es tu amiga y mueve tus stops a lo largo del movimiento de tendencia

Algunos de los puntos que Boyd expuso sonaban repetitivos, pero fui lo suficientemente inteligente como para reconocer que, en la superficie, lo que parecía una repetición era, de hecho, añadir más claridad a los puntos y a los principios de una especulación exitosa. Una tendencia alcista es, por definición, una serie de movimientos de precios en los que se fijan máximos y mínimos más altos.

El principio básico del éxito de la especulación es no vender nunca una acción que suba y no comprar nunca una acción que no suba de precio. Una extensión adicional de este principio es vender una acción que no esté subiendo. Pero el acto de equilibrio necesario para mantener una acción en alza el tiempo suficiente hasta que continúe su movimiento ascendente y, al mismo tiempo, vender una acción que ha dejado de subir es extremadamente complicado. Se ha perdido más dinero y se han creado más pobres al perseguir la parte inferior o superior de un movimiento. Atrapar los máximos y los mínimos es casi imposible. Si uno alcanza la cima o el fondo de un movimiento, es por casualidad o por suerte o una combinación de ambas.

Baruch, un conocido especulador de su tiempo, solía decir que solo los mentirosos atrapaban la cima o el fondo de un movimiento de forma consistente. Un verdadero especulador tiene que lograr la tarea de montar una acción alcista durante el mayor tiempo posible y al mismo tiempo tiene que vender antes de que la acción comience a revertirse y comience su movimiento hacia abajo. Además, ganar mucho dinero requiere tiempo en los mercados. El tiempo es relativo, como todos sabemos. En Estados Unidos, una hora es mucho tiempo. En el Tíbet, unos cuantos años se consideran poco tiempo. Sin embargo, se ha visto una y otra vez que los mejores y más rápidos movimientos de una acción alcista se producen entre períodos de 4 a 8 meses. Más allá de la marca de los 8 meses, normalmente una reacción de proporción significativa se lleva un buen segmento de las ganancias obtenidas durante la tendencia alcista anterior.

¿Cómo lograr este conjunto de objetivos contradictorios? En primer lugar, mantener la acción el mayor tiempo posible y a través de reacciones menores o intermedias. En segundo lugar, vender lo suficientemente cerca de la cima de un movimiento significativo y antes de que comience un retroceso significativo en el precio.

Boyd dijo que lo más difícil es mantener las cosas más simples. Su regla era seguir moviendo sus paradas de venta un poco por debajo del último mínimo de una acción alcista antes del nuevo máximo. Su creencia era que los movimientos de precios semanales eran más fiables que el historial de precios diarios. Como ejemplo, se refirió a su boceto como se muestra en la Figura 11.

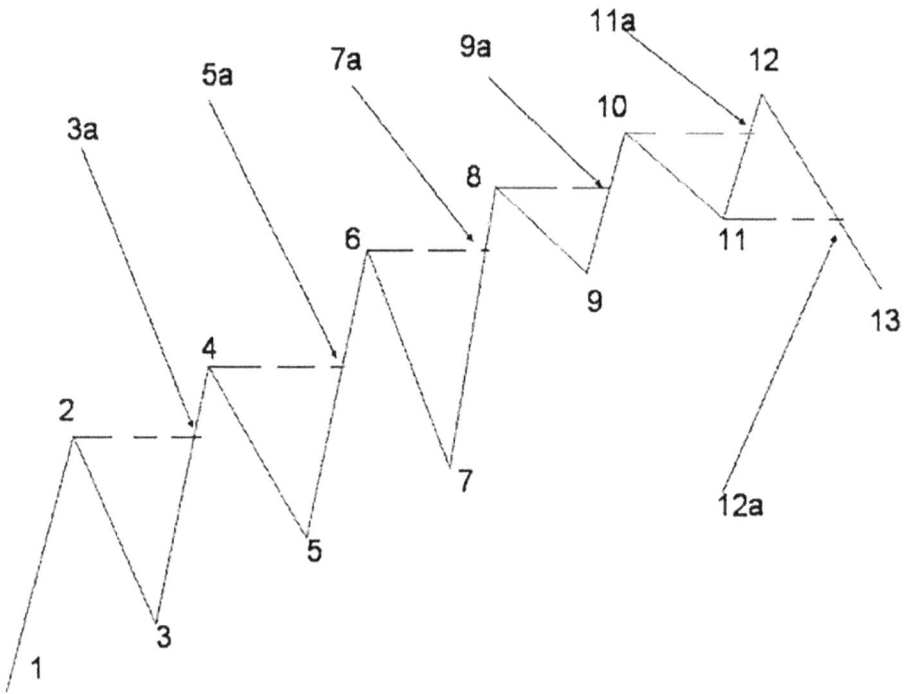

Figura 11. Paradas móviles a lo largo de un movimiento de tendencia

Boyd dijo: "Supongamos que posees una acción que está subiendo de precio. He dibujado un boceto de dichas acciones. Supongamos que has comprado la acción cuando ha superado el punto 3a, cuando ha alcanzado nuevos máximos de precio. Tan pronto como se compre en el punto 3a, se colocará un sell-stop al 10% por debajo del precio en el punto 3a. Supongamos que el precio de venta-parada no se toca hasta que la acción haya registrado un máximo y un mínimo más altos. Esto significa que la acción tiene que registrar primero un precio alto en el punto 4. A continuación, su reacción a este movimiento al alza debe fijarse, de manera que se sitúe en un precio en el punto 5. Ten en cuenta que el precio del punto 5 es más alto que el precio del punto 3, el último mínimo de la acción. A continuación, la acción tiene que registrar un nuevo máximo más alto, como lo hace en el precio del punto 6. Cabe destacar que el precio en el punto 6 es más alto que su anterior precio máximo en el punto 4. Durante el movimiento del precio de la acción desde el punto 5 a un precio en el punto 7, pasa a través o perfora por encima del precio en 5a que es esencialmente el mismo precio registrado como máximo en el punto 4. En el momento en que la acción supera este punto 5a, la acción ha reconfirmado su tendencia alcista. Es en este momento cuando el sell-stop se mueve desde el sell-stop anterior hasta un poco por debajo del precio del punto 5".

"El sell-stop" se mantiene un poco por debajo del precio del punto 5 hasta que se confirme otra ronda de máximos y mínimos más altos. Esto significa que la acción tiene que registrar primero el máximo indicado por el precio en el punto 6. A continuación, la acción debe reaccionar a este nuevo precio máximo en el punto 6. La reacción se muestra fijando un precio mínimo en el punto 7. A continuación, se inicia un nuevo tramo de movimiento alcista. Durante este nuevo movimiento ascendente desde el precio del punto 7 hasta el precio del punto 8, la acción debe perforar o pasar a través del precio máximo fijado en el punto 6. He indicado que este precio es un precio en el punto 7a. Tan pronto como la acción se mueve más allá de este precio en 7a, entonces muevo mi sell-stop desde un poco por debajo del precio en el punto 5 a un poco por debajo del precio en el punto 7. El sell-stop colocado ahora un poco por debajo del precio en el punto 7 no se mueve hasta que se fije otra ronda completa de máximos y mínimos más altos".

"Sobre el papel esto parece bastante simple y sencillo. El mayor obstáculo al que se enfrentan la mayoría de los novatos es que prestan atención a los valores de sus cuentas y a los precios de sus acciones día tras día. Cuando ven que la acción ha marcado un máximo, por ejemplo, en el punto 6 y luego ven que reacciona al precio en el punto 7, empiezan a ponerse nerviosos. Sienten que están "perdiendo" sus beneficios y el novato venderá al primer indicio de debilidad del precio".

"La disciplina de seguir las paradas de venta a lo largo del movimiento de tendencia lleva tiempo para desarrollarse. La mayoría de la gente se da cuenta de esta disciplina solo después de "perder" las grandes ganancias. Es solo después de que muchos han dejado ir un verdadero ganador muy temprano en la tendencia muchas veces, que muchas personas conseguirán el truco de operar a lo largo de la tendencia. Lamentablemente, muchos otros nunca llegarán a comprender la simplicidad de la disciplina. Como he dicho, el tiempo es relativo. De cuatro a ocho meses no es un periodo largo de tiempo en el mercado de valores para gente como yo que ha visto y experimentado los dones y los peligros del mercado durante décadas. Pero para los novatos y muchos profesionales indisciplinados (que no seguirán siendo profesionales durante mucho tiempo), incluso entre 4 y 8 semanas parecen una eternidad".

Y continuó: "A medida que las acciones siguen haciendo estos máximos y mínimos más altos, los topes siguen moviéndose hacia arriba a lo largo del movimiento de tendencia. En algún momento la presión alcista del precio se detendrá. Y entonces la presión comienza a acumularse para empujar los precios a la baja. El giro se produce con sutileza unas veces y otras con total claridad. Pero el especulador que mantiene sus reglas seguirá moviendo sus stops hacia arriba. Primero el stop se mueve un poco por debajo del precio del punto 9. Luego a un poco por debajo del precio en el punto 11. A medida que la acción alcanza su máximo a medio o largo plazo y comienza a bajar, este stop será alcanzado y la acción será vendida. El especulador fue capaz de ir con la acción desde un precio en el punto 3a hasta el precio en el punto 11. Se trata de un movimiento importante, y ese es el verdadero objetivo de un especulador avispado: coger y cabalgar la parte importante de un movimiento de tendencia".

Resumen:

Sigue las reglas de la especulación exitosa. En primer lugar, no hagas daño. Antes de comprar cualquier cosa, comprueba la lista de comprobación para comprar y confirma que las condiciones están maduras para comprar. Si no se puede ganar dinero con pequeñas compras de prueba, no se puede ganar dinero con fondos más grandes. Sigue la tendencia. Ten un riesgo predeterminado que estés dispuesto a asumir en cada posición. Coloca un stop de venta en tu nivel de riesgo para asegurarte de que la posición se liquida en caso de que tu nivel de riesgo se vea afectado. Sigue moviendo tus stops hacia arriba a lo largo del movimiento de tendencia.

Capítulo 12

REGLAS ADICIONALES DE ESPECULACIÓN Y LOS FUNDAMENTOS

Casi nadie habla de la gestión adecuada del dinero cuando se especula. Si uno entra en la oficina de un corredor de bolsa y abre una cuenta para operar con acciones, es un hecho que diez de cada diez veces el corredor recomendará una compra inmediatamente. Además de recomendar una compra, nueve de cada diez veces el corredor recomendará gastar todo el capital disponible en la cuenta de operaciones.

El mismo escenario se produce incluso cuando un novato o un profesional indisciplinado (que utiliza el dinero de otras personas para jugar en la bolsa) comienza a operar en el mercado. Casi inmediatamente después de abrir una cuenta se realizan compras. En la mayoría de los casos, todo el capital disponible se agota en compras de acciones en las primeras 48 horas de apertura de la cuenta.

El especulador clásico, en cambio, nunca muestra toda su mano. Nunca coloca sus compromisos donde utiliza todo su capital desde el principio. El especulador astuto siempre tiene en cuenta el hecho de que primero debe demostrar que tiene razón, antes de que se pueda hacer cualquier compromiso adicional o grande en el mercado.

Incluso la terminología utilizada por los especuladores es diferente y exclusiva de los operadores de éxito. Solo un especulador se llamará a sí mismo especulador. Un verdadero especulador nunca se llamará a sí mismo operador, apostador, inversor o inversor a largo plazo. Del mismo modo, un apostador nunca se llamará a sí mismo jugador. El especulador y el ludópata se encuentran en ambos lados del espectro. A lo largo de toda su vida, el especulador sale ganando en el mercado, ya que saca más del mercado que lo que le da. El jugador, en cambio, lo devuelve todo al mercado y nunca saca nada. El trader da y toma, pero casi nunca puede sacar grandes sumas. El inversor también da y toma y suele dar grandes sumas al mercado.

Como Boyd había comentado, un especulador solo establece sus compromisos cuando las probabilidades de ganar le favorecen. El apostador realiza sus jugadas sin tener en cuenta las probabilidades de ganar. El comerciante trata de arrancar unos pocos puntos aquí y unos pocos puntos allá. El inversor pasa por largos ciclos de tendencias alcistas y bajistas y cede más durante las tendencias bajistas de lo que ha ganado durante las tendencias alcistas.

Entre la terminología que utiliza un verdadero especulador destaca el término "compromiso". La propia palabra ofrece visiones de "agarrar" o "aferrarse" a algo que vale la pena tener. También ofrece visiones de "sentarse en días buenos y malos". Un compromiso es para un especulador la clave del éxito. Un compromiso con las reglas. Un compromiso con el sistema de funcionamiento del mercado. Un compromiso con la disciplina. Un compromiso de no participar si las condiciones lo exigen. Un compromiso para mantener una posición mientras las condiciones lo dicten. Y así sucesivamente. Hasta que las reglas, la acción o el mercado no ofrezcan de alguna manera confirmatoria un cambio de posición claro, el especulador se mantendrá comprometido con la posición que ha tomado.

Sexta regla de la especulación: Debo empezar a obtener ganancias en mis posiciones desde el primer día y, en un plazo de cuatro semanas, la acción debe haber avanzado al menos un 20% desde mi precio de compra hasta su precio máximo.

La mayoría de las grandes ganancias que se obtienen comienzan con un golpe de efecto. De vez en cuando hay principiantes lentos, pero en general, la mayoría de los grandes movimientos comienzan desde el primer día. En cuanto se da el primer paso de entrada en el mercado en una compra de prueba, el tope de venta se coloca inmediatamente por debajo del precio de compra, normalmente un 10% o más por debajo del precio de compra. A continuación, se da tiempo a la acción para que demuestre o desmienta su valía. La acción solo puede hacer una de estas tres cosas: puede subir, puede bajar o no puede ir a ninguna parte.

En función de cada uno de estos tres escenarios, hay que actuar. Si la acción sube, debe moverse al menos un 20% desde su precio de compra hasta el precio máximo más reciente en las cuatro semanas siguientes a la compra. Si han pasado cuatro semanas y nuestra acción no se ha acercado al movimiento del 20% desde su nivel de precio de compra, debemos estar preparados para empezar a buscar otras perspectivas y estar dispuestos a dejar ir nuestra primera acción. Por otro lado, si la acción empieza a bajar en lugar de subir, entonces se activará el sell-stop y nos eliminará del mercado.

Supongamos que la acción hace el movimiento del tipo 20/4 que tenemos como primer objetivo. Entonces el sell-stop debe moverse inmediatamente desde su nivel actual a un nuevo precio "un poco por encima del precio de compra". Esto garantizará que nunca se produzcan pérdidas en ninguna acción del tipo 20/4. Una vez que la primera acción ha alcanzado este punto en el que el peor escenario es que se alcance el punto de equilibrio en la posición, es solo entonces cuando debemos considerar tomar una segunda posición. En otras palabras, nunca compres una segunda acción a menos que la primera tenga un sell-stop que, en el peor de los casos, ofrezca una operación de equilibrio.

Una vez que se ha recogido una acción del tipo 20/4, a partir de ese momento debe continuar su tendencia alcista. La tendencia alcista debe ser claramente visible en los gráficos semanales. En los gráficos semanales, una tendencia alcista se manifiesta como una serie de máximos y mínimos más altos. A medida que la acción sigue haciendo esta serie de máximos y mínimos más altos, los sell-stops deben mantenerse en movimiento hasta un "un poco por debajo del último mínimo". El stop de venta en movimiento fue discutido en una lección anterior.

Séptima regla de la especulación: No compres una segunda acción a menos que la primera haya obtenido una ganancia

Boyd era un clásico. Nunca había visto a nadie como él. Decía una y otra vez que todo el mundo hace reglas pero casi nadie las sigue. Esto es lo que separa al especulador de éxito del público. Siempre decía que el público cambiaba las reglas para adaptarse al día. En otras palabras, basándose en el sesgo del día de la persona, él o ella cambiarían las reglas para adaptarse al sesgo.

La única ventaja que tenía Boyd sobre la mayoría de los demás era que el mercado le había destrozado por completo. Era una ventaja porque esa cruel experiencia le había enseñado a no tomarse nunca el mercado a la ligera. Resulta que la mayoría de los especuladores de gran éxito aprenden la lección por las malas. La mayoría de los que vuelven al mercado para vengarse de las enormes pérdidas, lo hacen con mucha paciencia y con plena conciencia de la capacidad del mercado para acabar con la mayoría de las cuentas.

Boyd utilizaba la clásica frase: "Nunca des un segundo paso hacia adelante hasta que te asegures de que estás en terreno firme con tu primer paso". Cada movimiento que hacía hacia adelante en el mercado estaría completamente dictado por el resultado de su paso anterior.

Después de asegurarse de que su primera prueba de compra ha hecho un movimiento del tipo 20/4, movería el stop de venta de esa posición un poco por encima de su precio de compra. De este modo, se aseguraba de no tener pérdidas en ningún movimiento del tipo 20/4. Esta era la regla que le permitía centrarse completamente en los valores que mostraban la capacidad de moverse desde el principio. Una vez que encontrara una acción de este tipo, se aseguraría de que nunca tuviera pérdidas en dicha acción para grabar en su psique que siempre puede "quedarse con" los motores 20/4 ya que nunca le mostraron una pérdida. Fue el "quedarse" con los ganadores lo que le hizo ganar mucho dinero.

Una vez que se había dado este primer paso, en el que el tope de venta de un 20/4 se había movido a un poco por encima del precio de equilibrio, solo entonces Boyd empezaba a considerar una segunda entrada. No tenía sentido comprar una segunda acción cuando la primera no había mostrado claramente el juego. Solo después de que el primer paso se demostrara correcto, se podía contemplar un segundo paso.

Boyd era un firme creyente de que "la vida en el mercado era pan comido palmo a palmo y duro a palmo".

Cuando la gente quiere obtener un 300% de rentabilidad en días y semanas, cuando se necesitan meses y años, el fracaso está garantizado. Todo en el mercado requiere tiempo y paciencia. Para que el tiempo y la paciencia vayan de la mano, hay que idear y aplicar las reglas.

Octava Regla de Especulación: Haz una pirámide solo cuando las probabilidades estén a tu favor y asegúrate de que la compra de la pirámide nunca resulte en una pérdida en la operación total

La pirámide consistía en comprar una segunda y/o tercera posición en una acción que ya se poseía. Por ejemplo, si uno compró una acción cuando rompió a nuevos máximos a un precio de 30 dólares, y algunas semanas y meses más tarde, se ofreció la oportunidad de comprar a un precio más alto ya que rompió de una consolidación más alta a un precio de 45 dólares, entonces la segunda compra se llamaría una compra piramidal.

Boyd simplificaba todo lo que hacía. Por ejemplo, cuando le pregunté: "Supongamos que hablamos de esta acción que ofrecía una primera compra de prueba a un precio de 30 dólares y luego ofrecía una compra piramidal a un precio de 45 dólares, ¿cuántas acciones adicionales estaría comprando al precio de 45 dólares?"

Siguiendo su regla de "lo más sencillo es lo mejor" en los mercados, ofreció el ejemplo con algunas cifras en dólares. Dijo: "Supongamos que compró 200 acciones a un precio de 30 dólares como prueba de compra. Supongamos que ha colocado un tope de venta a 27 dólares inmediatamente después de la compra de prueba. Este es tu 10% por debajo de la compra como el stop-loss. Supongamos entonces que la acción llegó a los 36 dólares en 3 semanas y que, por lo tanto, se calificó como un movimiento del tipo 20/4. Tan pronto como la acción alcanzó el nivel de precio de 36$, moviste tu stop de venta de 27$ a $30.50. Ahora, después de algunas semanas, la acción alcanza un precio máximo de $45 y luego reacciona y se consolida entre el nivel de precios de $45 y $39. Una vez completada esta fase de consolidación, digamos que la acción rompe a nuevos máximos por encima de los 45 dólares. En este momento es cuando se realiza la compra piramidal. Un 10% por debajo del precio de el 10% por debajo del precio de 45 dólares sería el stop-loss normal o 40,50 dólares sería el siguiente precio de stop-loss si comprara la compra piramidal a 45 dólares. Para calcular la cantidad que compraría a 45$, tomo las 200 acciones que compré a 30$ y figuro que tengo una ganancia de 2.100$ en el nivel de precio del nuevo stop de venta de 40,50$. Esto es lo máximo que estoy dispuesto a perder en caso de que la segunda compra o la compra piramidal comiencen a ir en mi contra. Lo que significa que el total máximo que puedo comprar es 2100 dólares dividido por 4,5 dólares por acción que perdería si mi nuevo sell-stop fuera alcanzado. Esto resulta ser 466 acciones. Nunca compraría más de 466 acciones como cantidad de compra piramidal en el nivel de precio de 45 dólares".

Ahora vi que se estaba asegurando de no tener nunca pérdidas en una acción ganadora. Incluso en el peor de los casos, si la acción hubiera caído desde su nuevo precio de compra piramidal de 45 dólares hasta 40,50 dólares y hubiera activado su tope de venta, nunca habría tenido pérdidas en la acción. La regla de Boyd de "no aceptar nunca una pérdida en una acción ganadora" se me hizo más clara.

Le pregunté a Boyd cuántas veces puede uno piramidar. Dijo que casi nunca compraba más de dos veces. En la mayoría de los casos, se detenía después de la segunda compra, a menos que la tercera fuera posible y claramente visible en una acción con una fuerte tendencia alcista en un mercado alcista. Dijo: "Raras excepciones como Taser aparecen durante una tendencia alcista confirmada cuando una tercera compra es claramente posible".

Novena regla de la especulación: Si muchos valores líderes del tipo 20/4 comienzan a golpear sus topes de venta, el mercado puede mostrar señales de peligro

Cada ciclo trae consigo un nuevo lote de valores líderes. En ocasiones, un valor puede ser líder durante dos ciclos consecutivos en el mercado. Sin embargo, es muy poco habitual que un mismo valor sea líder durante más de dos ciclos. La razón es muy sencilla: una vez que las acciones se distribuyen completamente entre el público, ya no hay necesidad de que los iniciados hagan subir el precio de las acciones. Puesto que la distribución de las acciones en manos del público significaba que los iniciados ya no eran los iniciados, ya no tenían necesidad de hacer subir los precios. En otras palabras, su papel de liderazgo se había cumplido.

Esta era una de las razones por las que Boyd nunca miraba más allá de los últimos 15 años de datos para buscar nuevos líderes. Era obvio que una acción que había existido durante más de 15 años tenía un montón de ciclos anteriores y "buenos tiempos económicos" para hacer sus movimientos. Una vez que estos valores han hecho sus movimientos, han ofrecido muchas oportunidades para que los iniciados hayan vendido sus acciones. Dado que estas personas con información privilegiada ya no eran titulares de las acciones, tenían muy pocos incentivos para dejar que las acciones hicieran una gran carrera. Si una acción no tenía ningún incentivo para hacer una gran carrera, había pocas posibilidades de obtener ganancias sólidas de esa acción. Si no es posible obtener ganancias, ¿por qué comprar una acción de este tipo?

El mercado está lleno de riesgo. Para compensar el riesgo, debe ofrecer acciones que puedan duplicar el dinero de uno durante cualquier ciclo. Si las acciones que realmente tienen el potencial y el deseo de duplicar sus precios en un ciclo determinado no aparecen, ¿por qué molestarse en participar en el mercado?

Décima regla de la especulación: No busques obtener ganancias en los mercados malos. Es mejor mantenerse al margen de los malos mercados en los que las probabilidades de ganar están en nuestra contra, en lugar de intentar nadar a contracorriente.

Una vez que los principales valores comienzan a alcanzar sus sell-stops, es solo cuestión de tiempo que la mayoría, si no todos, se vendan. La decisión de vender es mejor dejarla para que se activen los sell-stops. Cuando el mercado en general está en una tendencia bajista o en una tendencia menos y una forma agitada, las perspectivas de hacer cualquier ganancia negociable son pequeñas. Con la visión más amplia de "primero, no hacer daño", sería un grave error devolver cualquier parte de las ganancias ganadas con esfuerzo. Las ganancias obtenidas han sido duras y se han conseguido con mucha paciencia, trabajo duro y disciplina. Es fácil devolver las ganancias ganadas con tanto esfuerzo durante las malas condiciones del mercado. Es mucho mejor proteger las ganancias obtenidas no involucrándose rápidamente en cualquier nuevo rally potencial. El nuevo rally solo puede ser confirmado por la acción de los valores líderes. Las lecciones ya han sido aprendidas en capítulos anteriores sobre la fijación del inicio de un rally fiable. El comienzo de una tendencia a la baja se señala cuando se alcanza el sell-stop en muchos de los valores líderes. Además, una confirmación será evidente en los índices líderes como el Dow Industrials, el S&P500, el Nasdaq y el Dow Transports. La tendencia bajista es, por definición, una serie de máximos y mínimos más bajos. El comienzo suele estar indicado por el volumen de venta al principio. La recuperación de la venta de volumen suele ser con un volumen más débil y la recuperación nunca llega a los máximos anteriores. Mucho antes de que los índices confirmen la existencia de un mercado peligroso, los valores principales habrían dado claras indicaciones al llegar a sus topes de venta. Como hemos aprendido de las lecciones anteriores, habríamos colocado las paradas de venta un poco por debajo del mínimo anterior en los valores con tendencia alcista. Al sacar un mínimo anterior, un valor con tendencia alcista anula su tendencia alcista.

Undécima regla de la especulación: Si las mejores acciones no están subiendo de precio, el mercado no tiene ninguna posibilidad de ofrecer buenas probabilidades de ganar. Si los mejores valores están subiendo de precio, no se necesita ninguna otra razón para comprar y si los mejores valores no están subiendo de precio, no se necesita ninguna otra razón para evitar comprar.

Aunque parezca sencillo, seguir la regla es difícil. Está en nosotros, los humanos, encontrar una joya que ningún otro humano ha encontrado. Queremos ser los primeros en llegar al tesoro antes que los demás. El juego de la búsqueda del tesoro está siempre en marcha. El problema es que en las malas condiciones del mercado, el número de pistas falsas se amplifica. Además, la maquinaria de Wall Street debe mantener la rueda girando mediante continuos bombos y platillos para mantener al público en una carrera de compras. El "compre la ganga" y toda "venta" es una buena ganga es la mentalidad del consumidor estadounidense que se explota al máximo.

En cada reacción a la baja, suena el tambor de "este es el comienzo de un nuevo mercado alcista". Nadie quiere perderse la oportunidad de ganar dinero. Ganar dinero es el equivalente moderno de la habilidad del hombre de las cavernas para cazar, matar y llevar a casa el tocino. Todo ser humano ha visto al menos una victoria durante su vida. Esa victoria está almacenada en los bancos de memoria de todos nosotros. Esa única victoria es, en muchos sentidos, un señuelo para engancharse a todas las trampas posteriores tendidas por el mercado. A cada paso después de esa gran victoria, el "elemento humano" que hay en nosotros cree, con razón o sin ella, que la siguiente gran victoria está a la vuelta de la esquina. La búsqueda de esa gran victoria no tiene fin, a pesar de las pésimas probabilidades de ganar en el mercado.

Somos gente inteligente. Pero cuanto más inteligentes somos, más tercos somos en la creencia de que el mercado puede ser vencido con facilidad. Al fin y al cabo, estamos dotados de un intelecto superior. Sin embargo, no hay otra entidad con mejor intelecto que el mercado. Cuanto antes aceptemos esto, más rápido aprenderemos los fundamentos de la especulación con éxito.

Resumen:

Los verdaderos ganadores comienzan a obtener ganancias desde el primer día. Por lo general, los mejores valores se califican de tipo 20/4 sin llegar nunca al sell-stop colocado por el especulador. No compre una segunda acción hasta que la primera haya obtenido ganancias. Haz una pirámide solo cuando las probabilidades de ganar estén a tu favor y cuando el peor escenario de la compra de la pirámide nunca te haga tener pérdidas en la operación en general. Si muchas acciones del tipo 20/4 comienzan a golpear sus topes de venta, el mercado puede estar indicando un peligro inminente. En malas condiciones, no busques hacer ganancias, más bien busca evitar las pérdidas. Si los mejores valores no están ganando dinero, el mercado no tiene ninguna posibilidad de ofrecer buenas probabilidades de ganancias.

CAPÍTULO 13

MÁS REGLAS DE ESPECULACIÓN Y LOS FUNDAMENTOS

Me estaba preocupando un poco que las reglas se fueran sumando una a una y resultaran ser demasiadas para seguirlas. Se lo comenté a Boyd. Él respondió: "No te preocupes. Al final de nuestras lecciones, resumiré todas las reglas de una forma mucho más sencilla. Te resultará muy fácil tenerlas en cuenta. Por el momento, la idea es comprender la lógica que hay detrás del pensamiento. No te obsesiones con tratar de recordar las reglas. Pronto se convertirán en algo natural. Además, estoy repitiendo a propósito el mismo pensamiento de diversas maneras para intentar que se fije en lo más profundo de la psique".

Una pregunta que muchos novatos plantean a menudo es: "¿Cuánto tiempo se suele mantener una acción? Creo que comprar es la parte más fácil. Vender para preservar el capital también es fácil, ya que el tope de venta se encargará de ello. Sin embargo, vender para obtener beneficios es lo más difícil en los mercados. Me cuesta mucho tomar la decisión de vender con fines de lucro. Acabo vendiendo demasiado pronto o aguantando demasiado tiempo. ¿Existe algún secreto para encontrar el momento adecuado para vender con ánimo de lucro justo después de que termine el movimiento pero justo antes de que comience la tendencia contraria?"

Boyd reflexionó durante unos instantes. Luego contestó lentamente, eligiendo cuidadosamente sus palabras. Sospeché que quería asegurarse de que no hubiera confusión en este razonamiento bastante complicado pero sencillo. Dijo: "El problema surge cuando la venta con fines de lucro es una decisión instantánea. En ese sentido, el problema es similar a una decisión instantánea tomada al comprar una acción. Ahora que estamos hablando de este asunto, cualquier decisión instantánea es problemática. Una decisión instantánea es un indicio de falta de disciplina, de falta de respeto por el mercado y de falta de conocimiento. Una decisión instantánea también es un indicio de falta de capacidad para seguir las reglas. Si uno se sorprende a sí mismo tomando una decisión instantánea, debe intentar detener la acción y no hacer nada. En la mayoría de los casos, las decisiones instantáneas son decisiones equivocadas. No es una decisión razonada, pensada y considerada y, en consecuencia, tiene malas probabilidades de mostrar una jugada ganadora".

"La venta con fines de lucro debe lograr muchos resultados simultáneamente. Para vender para obtener beneficios, uno debe vender cuando la tendencia alcista ha terminado y antes de que la tendencia bajista haya comenzado. Llegar a ese punto de inflexión en el que las ganancias incrementales tienen grandes probabilidades de pérdidas es un arte que solo se puede desarrollar después de algunos años de práctica. Ya hablamos de la forma más sencilla de vender para obtener beneficios cuando hablamos ayer de un trailing stop. En mi opinión, sigue siendo la mejor manera de afrontar el dilema de vender con beneficio".

Duodécima regla de la especulación: Los valores que se encuentran entre el 15 y el 20% de sus precios máximos históricos son los que hay que vigilar.

Sabemos que las acciones que suben de precio son las únicas que queremos comprar. Los valores que suben de precio muestran muchas de las características ganadoras, incluida una tendencia alcista claramente visible. Durante la tendencia alcista, corregirán y se basarán o consolidarán durante algunos períodos de tiempo. Es durante estos periodos cuando debemos empezar a vigilarlos en busca de una actividad de volumen inusual. Tan pronto como estos valores alcancen nuevos máximos desde la fase de base o consolidación, deberíamos tratar de comprarlos. Para incluir estos valores en nuestra lista de vigilancia, debemos prestar atención solo a los que se encuentran a un 15-20% de sus máximos anteriores. Esto ayudará a reducir el número de valores a vigilar. Solo necesitamos un puñado de valores para demostrar o refutar la fortaleza del mercado. Los valores más importantes de los grupos industriales que mejor funcionan deberían ser más que suficientes para darnos una indicación del estado del mercado.

Decimotercera regla de la especulación: No mires tu ordenador durante el día para ver los datos en tiempo real. Solo los operadores diurnos observan el mercado minuto a minuto y segundo a segundo.

Una de las peores decisiones que toman los novatos es cuando realizan una operación espontánea. Una operación espontánea es cuando toman una decisión instantánea sobre una compra o una venta. Se produce especialmente cuando hay una actividad relacionada con las noticias en el mercado. La noticia puede o no estar relacionada con un informe de ganancias o una división de acciones o la aprobación de la FDA de un medicamento fabricado por una compañía farmacéutica que puede causar actividad en las acciones de la compañía farmacéutica, etc. Básicamente, uno está observando el símbolo del teletipo y sus márgenes de compra y venta y la negociación en su ordenador, y un repentino estallido de volumen y actividad de precios hace que la gente tome una decisión de compra o venta instantánea.

Estas malas decisiones se producen porque uno está pendiente del mercado y de las acciones segundo a segundo. Por muy seductor que sea, muchos especuladores experimentados reconocerán que esa actividad y ese comportamiento son devastadores para la mayoría de las cuentas. El mercado de valores utiliza las noticias para sacudir y falsear a los débiles. El verdadero movimiento y la tendencia se han establecido con mucha antelación a las noticias. Las acciones ya se han movido en previsión de la noticia. La noticia solo confirma el movimiento anterior. Por lo tanto, una operación relacionada con las noticias es solo para los comerciantes experimentados del día. El resto de nosotros ni siquiera debería mirar el teletipo.

La decisión de compra debe tomarse después de una considerable deliberación. Esta decisión se basa completamente en las reglas de la especulación. Una vez tomada la decisión de compra, una orden de buy-stop suele ser la mejor manera de entrar en el mercado. Si la orden de buy-stop se activa, entonces la decisión de vender se deja a los sell-stops para que se activen. Como se ha dicho antes, cuando se activa una orden de compra, se coloca un stop de venta simultáneo para proteger las pérdidas. A medida que la acción se mueve hacia arriba y comienza a registrar máximos y mínimos más altos, el sell-stop se mueve hacia arriba a lo largo del movimiento de tendencia. En algún momento se alcanzará uno de los topes. La mayoría de las veces, el stop de venta se alcanzará cuando el movimiento más fácil y rápido hacia arriba haya terminado. A partir de ahí, si la acción ofrece algún movimiento al alza, suele estar plagado de agitación, volatilidad, falsas salidas y sacudidas. El incremento de las ganancias adicionales no merece la pena el riesgo de devolver las ganancias ganadas con tanto esfuerzo.

Catorce reglas de especulación: No escuches a ningún ser humano sobre el estado general del mercado. Deja que las acciones y los índices líderes dicten tus acciones.

Boyd solía decir que el único ganador constante en la bolsa era el mercado. El mercado nunca se equivoca. Los humanos casi siempre se equivocan. Los humanos se equivocan en la dirección o se equivocan en el momento. De cualquier manera, la mayoría de los humanos tienen muy pocas posibilidades de obtener grandes ganancias en el mercado. Cada uno de nosotros tiene su propio sesgo y agenda en el mercado.

Cuando se pide la opinión de un ser humano, la respuesta se basa en gran medida en su propio sesgo. Si el encuestado está largo en el mercado, es poco probable que sea bajista. Del mismo modo, si el encuestado está corto en el mercado, es poco probable que sea alcista. Independientemente de cuál sea la posición del encuestado en el mercado, será determinante en su opinión sobre el mercado.

Boyd solía decir que la CNBC y Bloomberg y otros canales de televisión deberían estar apagados para siempre y nunca jamás ser encendidos por el especulador. En esta época, las noticias y los datos bursátiles se distribuyen por todos los medios de comunicación a todas las horas del día. Es difícil mantenerse al margen del diluvio de información. Pero un verdadero especulador se acordará en todo momento de escuchar y prestar atención solo a los valores e índices líderes. El verdadero mensaje está ahí. No está dentro de ningún humano. No importa quién sea el ser humano.

Boyd solía decir: "He conocido a algunos especuladores muy exitosos que dejaron de serlo una vez que empezaron a balbucear su punto de vista a los medios de comunicación. Los medios de comunicación tienen una forma de hacer que uno se sienta más importante de lo que es y, de repente, un especulador disciplinado se convierte en presa del elemento humano de la autoimportancia y empieza a indicar lo que desea que haga el mercado en lugar de mantener la fría distancia y ver lo que el mercado está haciendo realmente".

Quizás fue esta disciplina la que mantuvo a Boyd alejado de los focos. Rehuyó cualquier atención de los conocedores y participantes del mercado. Como he dicho antes, muy pocos le conocían y menos sabían de él. Cuando se le preguntaba por su opinión sobre el mercado, decía: "No escuchen lo que digo, ya que lo que digo puede ser tendencioso y se lo ofrezco desde mis ojos. Debe mirar el mercado desde sus propios ojos y los de nadie más. Sin embargo, ya que me ha preguntado, solo puedo responder de dos maneras... o el mercado es negociable o no es negociable. En un mercado negociable se pueden obtener ganancias negociables y en un mercado no negociable no se pueden obtener ganancias. Este de ahora es un mercado no negociable. Es mejor no comprar nada ahora mismo".

Decimoquinta regla de la especulación: Las acciones harán lo que quieran hacer. Nadie puede impedir que una acción se mueva en una u otra dirección.

A primera vista, esta regla puede parecer simplista. Pero la idea es imprimir en la mente del especulador que las acciones casi nunca seguirán un guión. En otras palabras, aunque las condiciones indiquen una tendencia alcista y los valores líderes empiecen a funcionar, puede producirse un cambio de tendencia en cualquier momento. Una acción puede alcanzar su tope y desencadenar su venta en cualquier momento. Una acción en clara tendencia alcista puede invertirse en cualquier momento. En el mercado de valores puede ocurrir cualquier cosa en cualquier momento. Por muy seguro que esté un especulador de un movimiento inminente, podría equivocarse en su visión de la verdadera tendencia. Por otro lado, el especulador podría estar completamente en lo cierto y ser víctima de una grave o severa sacudida. Uno podría estar en lo cierto en todos los aspectos y aún así ser sacado de un gran movimiento debido a una fuerte sacudida. Estas cosas nos ocurren a los mejores. El mercado es una entidad complicada y los retos son abundantes.

Decimosexta regla de la especulación: La toma de decisiones debe ser sencilla. La vida ya es bastante complicada. No es necesario añadirle la carga de una pesada toma de decisiones en el comercio de acciones.

Cuanto más cavamos, más profundo es el agujero. Boyd solía decir que en la sed de investigación superior y la urgencia de "llegar primero", la mayoría de los humanos verán cosas que no existen. El sesgo incorporado y el deseo de haber descubierto una verdadera joya sin explotar de una acción antes que la multitud permitirán a los humanos cometer errores estúpidos. El secreto está en no entrar antes de que empiece el movimiento, porque puede que éste nunca empiece. O peor aún, el movimiento puede comenzar pero dirigirse en la dirección equivocada. El verdadero especulador entiende que siempre es mejor entrar una vez que el movimiento está en pleno desarrollo. Esperar a que el movimiento esté en pleno apogeo requiere "desaprender" todas las lecciones típicas que hemos aprendido en nuestras vidas. Nos han lavado el cerebro y nos han inculcado que "al que madruga Dios le ayuda". Esto hace que los seres humanos crean que una investigación y un conocimiento superiores de una acción y sus productos les ayudarán a cosechar recompensas cuando la acción despegue. Mientras que un verdadero especulador esperará a confirmar que la acción está realmente despegando antes de comprometerse.

Es difícil desaprender las lecciones de la vida y luego aprender nuevas lecciones que parecen contrarias a las lecciones de la vida que llevamos al mercado.

Decimoséptima regla de la especulación: El único trabajo del mercado es confundirnos y engañarnos. Hay que buscar siempre las señales de confirmación. Tengan prisa por vender una pérdida y sean reacios a vender una ganancia. Deja que tus stops tomen las decisiones por ti.

Todos hemos oído hablar de los 10.000 dólares invertidos en los Wal-Mart, los Ciscos y los Microsofts de este mundo al inicio de sus OPV que se convirtieron en millones y millones de dólares. Las probabilidades de que alguien compre y mantenga a través de subidas y bajadas durante décadas en el raro motor es realmente muy baja. Por ejemplo, imaginemos que compraste 10.000 dólares de Cisco en sus inicios. Supongamos que un tiempo después de su compra la cuenta ha subido a 150.000 dólares. La tentación de vender a este nivel es inmensa. La tentación de vender es aún mayor si los 150.000 dólares empiezan a perder valor. Digamos que los 150.000 dólares caen a 125.000 dólares y luego a 90.000 dólares... ¿cuántos se quedarían con esas reacciones? Nadie nos hablará de estas reacciones porque la maquinaria no quiere que seamos "realistas". La maquinaria quiere que nos centremos en las riquezas de "comprar y mantener" que hay en el mercado. Si "comprar y mantener" fuera una idea tan buena, nadie habría sufrido pérdidas durante el ciclo bajista de 2000-2003. Solo hay que preguntar a los poseedores de Global Crossing, Worldcom, etc. que mantuvieron sus acciones de 50 dólares hasta que las acciones valían centavos.

Decimoctava regla de la especulación: Las rupturas son apuestas sólidas. En un mercado con tendencia alcista, las rupturas que cumplen con la mayoría de los criterios de ruptura real suelen indicar el comienzo de un movimiento de tendencia alcista real.

Los gaps de ruptura fueron discutidos en una lección anterior. Las rupturas son verdaderos indicadores del comienzo de un movimiento serio. Dependiendo de la etapa del ciclo del mercado y de la parte del ciclo de la acción en particular en la que nos encontremos, la ruptura tiene buenas probabilidades de una buena carrera. El principal desafío en una verdadera ruptura es una forma efectiva de operar con éxito a través de la mejor parte del movimiento de la ruptura.

Decimonovena regla de la especulación: El volumen del día de la ruptura debe explotar. Si la intención de un especulador es buscar solo un puñado de operaciones potenciales para un año determinado, debería exigir que se negocie al menos el volumen medio diario de acciones de la acción en la primera hora de la sesión bursátil.

Boyd había discutido el verdadero significado de una acción de ruptura durante un desayuno anterior. Sabemos que la maquinaria definirá las rupturas como un movimiento de un rango comercial a otro sin tener en cuenta la verdadera tendencia firme y confirmada de la acción o del mercado. Una verdadera ruptura, según nuestra definición, es una acción que ha estado basándose durante largos períodos de tiempo (que van desde meses a años). Después de este período de base, la acción comienza una fuerte tendencia alcista claramente visible hacia nuevos máximos de precio de todos los tiempos, confirmando la fuerza del volumen. Una vez establecida esta tendencia alcista, la acción se basa o descansa durante un periodo de tiempo (de semanas a meses). Tras el descanso, la acción rompe al alza hacia una nueva zona de máximos históricos, de nuevo con un volumen que confirma su fuerza. Esta es nuestra verdadera ruptura.

Si somos el tipo de especuladores que desean operar solo con los mejores valores de los mejores grupos en el momento adecuado, entonces exigiremos que dentro de nuestra lista de vigilancia prestemos atención solo a los 2 o 3 mejores valores en todo momento. Y si uno de estos 2 o 3 valores principales se desprende con un volumen que alcanza nuestro nivel de umbral, entonces se convierte en una compra al desprenderse.

Si un valor negocia 500.000 acciones en un día normal, para cumplir con nuestro umbral de compra, debe negociar 500.000 acciones en la primera hora de negociación. La primera hora de negociación, como sabemos, va de las 9:30 a las 10:30 a.m. EST.

Vigésima regla de la especulación: Lleva un diario de todas y cada una de las operaciones. Aprende de tus errores.

Un verdadero especulador entrará en cada operación con una gran dosis de deliberación. Comprobará su lista de reglas antes de llegar a la conclusión de que está indicado un compromiso en el mercado. E incluso cuando las reglas dan esa indicación, solo entra con compras de prueba o con pequeñas cantidades para tantear el terreno y ver si su opinión sobre el mercado y las acciones es correcta.

Si su compra de prueba resulta ser correcta, entonces dará el segundo paso de compras adicionales. Cada paso adelante viene dictado por el resultado del paso anterior. En otras palabras, da un paso a la vez y avanza paso a paso. Para adoctrinar la disciplina firmemente en su mente y en su psique, desarrollará el importante hábito de anotar todas y cada una de las operaciones que ejecute.

El motivo de la compra, la cantidad comprada, el precio y la fecha en que se activó la compra se anotan en un diario de operaciones. Las paradas de venta se mueven a lo largo del movimiento de la tendencia. Estos stops de venta también se anotan junto con las razones para mover los stops de venta hacia arriba. En algún momento se activa uno de los sell-stops y se vende la posición para obtener beneficios. La fecha de venta, el precio de venta y la cantidad ganada también se anotan.

Un ejemplo de diario de operaciones se muestra en la Tabla 1. Esta es una reproducción del diario de operaciones de Boyd, tal como me lo había ofrecido sobre sus operaciones de Taser International. Yo había cubierto sus operaciones en Taser, donde había obtenido un increíble beneficio de unos 1,8 millones de dólares sobre unos 250.000 dólares invertidos en seis meses, en mi primer libro, "La Acción Perfecta".

Fecha	Acción	Teletipo bursátil	Cantidad	Precio	Razón de la acción tomada
10/03/03	Comprar	TASR	1500	$32.68 GTC	Ruptura a nuevos máximos históricos después de la ruptura del 17/9 con el mayor volumen en 52 semanas que fue confirmado por los gráficos semanales

10/03/03	Sell-stop	TASR	1500	$29.68 GTC	Regla estándar de stop-loss del 10% como protección de pérdidas o preservación del capital
11/20/03	Com-prar	TASR	2800	$69.75 GTC	Compra piramidal cuando la acción alcanza nuevos máximos tras semanas de consolidación
11/20/03	Sell-stop	TASR	4300	$56.84 GTC	Regla estándar de corte de pérdidas del 10% por debajo de la última compra. Además, garantiza que no se produzcan pérdidas en el conjunto de la operación
01/09/04	Com-prar	TASR	2150	$93.75	Pirámide de compra de margen cuando la acción alcanza nuevos máximos tras semanas de consolidación
01/09/04	Sell-stop	TASR	6450	$85.22 GTC	Regla estándar del 10% por debajo de la última compra. Además, garantiza que no se produzcan pérdidas en el conjunto de la operación.
02/27/04	Sell -stop	TASR	6450	$142.50 GTC	Stop colocado un poco por debajo del mínimo de la semana pasada ya que la reacción de la semana pasada fue severa con un gran volumen
03/26/04	Sell-stop	TASR	6450	$173 GTC	Stop colocado un poco por debajo del mínimo de la semana pasada
04/02/04	Sell-stop	TASR	6450	$209 GTC	Stop colocado un poco por debajo del mínimo de la semana pasada
04/09/04	Sell-stop	TASR	6450	$232 GTC	Stop colocado un poco por debajo del mínimo de la semana pasada

04/16/04	Sell-stop	TASR	6450	$277 GTC	Stop colocado un poco por debajo del mínimo de la semana pasada
04/19/04	Vender en el mercado	TASR	6450	$351	Vender cerca del final de la jornada ya que la acción muestra un tope de escape

Tabla 1. Registros comerciales de Boyd en Taser

Boyd solía decir: "El arte de aprender a través de la escritura se ha perdido". En esta época en la que ya nadie escribe a mano larga, el verdadero arte de la escritura se está perdiendo. En la vejez aprendí mis lecciones en la escuela escribiendo. Los principios del aprendizaje desde las primeras edades han estado ligados al arte de la escritura. Cuando se escribe algo con suficiente frecuencia, es difícil de olvidar. Y los humanos lo olvidamos todo. Para superar esta deficiencia humana, aprendí hace tiempo a anotar todos mis oficios. De esta manera, puedo volver a mis operaciones ganadoras y ver lo que hice bien. Del mismo modo, puedo volver a mis operaciones perdedoras y ver dónde cometí errores. Puede que las operaciones ganadoras y perdedoras no se repitan como una réplica exacta en el futuro, pero habrá suficientes similitudes para que pueda aprovecharlas basándome en mis experiencias pasadas. Esta es una herramienta inestimable. Sin embargo, como todo en la especulación exitosa, esto requiere disciplina. Y la disciplina, amigo mío, solo aparece después de grandes pérdidas".

Resumen:

Los valores que se encuentran entre el 15 y el 20% de sus precios máximos históricos son los que hay que vigilar. No mires tu ordenador durante el día para ver los datos en tiempo real. Solo los comerciantes del día observan el mercado minuto a minuto y segundo a segundo. No hagas caso a ningún ser humano sobre el estado general del mercado. Deja que los valores líderes y los índices líderes dicten tus acciones. Las acciones harán lo que quieran hacer. Ninguna persona puede impedir que una acción se mueva en una u otra dirección. La toma de decisiones debería ser sencilla. La vida ya es bastante complicada. No es necesario añadirle la carga de una pesada toma de decisiones en el comercio de acciones. El único trabajo del mercado es confundirnos y engañarnos. Busca siempre las señales de confirmación. Tengan prisa por vender una pérdida y sean reacios a vender una ganancia. Deja que tus stops tomen las decisiones por ti. Las rupturas son apuestas sólidas. En un mercado con tendencia alcista, las rupturas que cumplen con la mayoría de los criterios de ruptura verdadera suelen indicar el comienzo de un verdadero movimiento de tendencia alcista. El volumen del día de la ruptura debería explotar. Si la intención de un especulador es buscar solo un puñado de operaciones potenciales para un año determinado, debería exigir que se negocie al menos el volumen medio diario de acciones de la acción en la primera hora de la sesión bursátil. Lleva un diario de todas y cada una de las operaciones. Aprende de tus errores.

CAPÍTULO 14

REPASANDO LOS FUNDAMENTOS

A medida que me acercaba al final de las lecciones y de los desayunos con Boyd, era muy consciente de que mi estilo de escritura iba a ser muy diferente al de Boyd. También era muy consciente de que tenía la tendencia a asumir que mis lectores estaban en sintonía con mi pensamiento. Esto tendía a hacer que mis escritos fueran un poco hertzianos para aquellos que no podían seguir mi línea de pensamiento.

Para superar esta carencia, me imaginé que probablemente debería repetir algunos de los fundamentos en varias formas diferentes y esto facilitaría al lector la comprensión de los fundamentos en muchas formas. Tenía un interés propio en esto. Sabía que si escribía las lecciones, aprendería mucho por mí mismo. Al igual que Boyd había comentado que debíamos escribir para aprender, yo iba cogiendo el tranquillo al mercado cada vez más por mi cuenta escribiendo las cosas que sabía y las que sabía Boyd. Cuanto más escribía, más claro me resultaba.

Fue entonces cuando me di cuenta del valor de la regla de Boyd de que uno debe escribir todas las operaciones que ejecuta. Y que tales escritos debían incluir detalles completos de los motivos, los importes, las ganancias/pérdidas, etc. No hay nada que sustituya a la formación en el trabajo. La práctica hace la perfección y uno aprende haciendo.

Me quedó claro que los principios puros de la especulación, tal y como los expuso Boyd, los aprendimos yo y muchos otros a través de la experiencia real en el mercado. También era obvio para mí que muy pocos serían capaces de comprender la importancia de todas y cada una de las reglas a menos que el especulador individual experimente las pérdidas por sí mismo. Son las pérdidas las que enseñan las verdaderas lecciones. Las reglas solo se hacen evidentes después de pérdidas sostenidas y graves.

En consecuencia, he tenido que intentar convencer de alguna manera a los novatos de que siempre es mejor empezar con una cantidad mínima de fondos antes de embarcarse en grandes compromisos. La curva de aprendizaje es larga y lenta y ofrecerá muchas pérdidas. Atravesar los años y los ciclos de aprendizaje reales requiere paciencia. También requiere que uno sea capaz de comprometerse con solo una pequeña cantidad en el mercado con el fin de aprender antes de que las operaciones de mejores probabilidades adecuadas se pueden colocar. Uno necesita aprender a colocar las mejores operaciones de probabilidades antes de colocar grandes fondos. Es inútil colocar grandes fondos en operaciones de baja probabilidad. Eso solo garantiza pérdidas de proporciones significativas tarde o temprano.

Como la mayoría de nosotros entramos en el mercado con una cantidad limitada de fondos, tenemos que aprender sin perder una cantidad significativa de nuestros fondos. El aprendizaje lleva tiempo y conlleva pérdidas. No somos como los grandes fondos que tienen una gran reserva de efectivo. Tienen la capacidad de soportar grandes pérdidas y aún así remontar durante una tendencia alcista seria. Sin embargo, tenemos que asegurarnos de que los fondos que tenemos están intactos y no los perdemos tratando de exprimir migajas en un mercado pésimo. Y luego, a su vez, no nos quede nada cuando comience una verdadera tendencia alcista.

Entre los muchos errores comunes que cometen la mayoría de los novatos están el exceso de operaciones y la arrogancia. Estas dos debilidades, por sí solas, pueden ser profundas y duras rápidamente. En los buenos mercados, las probabilidades de realizar operaciones ganadoras pueden superar el 50%. Sin embargo, en los mercados malos, no es descabellado esperar que las probabilidades de ganar operaciones caigan por debajo del 20%. Lo que significa que quizás una de cada cinco operaciones será ganadora en condiciones pésimas. Además, la operación ganadora resultará muy difícil de operar con eficacia, ya que ofrecerá muchas sacudidas y falsas salidas, y será casi imposible mantener la acción sin que la paren. Dado que solo se gana mucho dinero cuando se puede mantener una acción durante periodos de 4-6-8 meses, ¿de qué sirven las acciones ganadoras si se niegan a permitirnos mantenerlas durante el periodo de tiempo intermedio? Esto significa que, incluso si uno tuviera la suerte o la inteligencia suficiente para coger una operación ganadora en condiciones pésimas, lo más probable es que no se puedan obtener ganancias serias. Como resultado, a pesar de ganar una de cada cinco veces, la columna de pérdidas sigue creciendo. Es mucho mejor quedarse en efectivo y no operar cuando las probabilidades son malas. Sin embargo, esta es una lección que se aprende después de años de experiencia y enormes pérdidas.

En mi anterior libro, "La Acción Perfecta", había comparado el proceso de aprendizaje en la bolsa con el proceso de superación de la pubertad. Casi todos recordamos, si nos esforzamos, los días ya lejanos en los que atravesábamos la adolescencia y la sabiduría que nos ofrecían nuestros padres. Casi ninguno de nosotros, en aquel momento ya lejano, pensó que nuestros padres eran sabios. Todos pensábamos: "Ahora los tiempos son diferentes. ¿Qué sabrán ellos?". Pues bien, no es diferente en el proceso de aprendizaje en la bolsa. Como novatos, todos pasamos por periodos en los que pensamos que lo sabemos todo, que el mercado se puede batir con facilidad, que el toro nunca muere, que el oso nunca llega, que aquellos viejos tiempos ya han pasado y muchas otras afirmaciones típicas de adolescentes. Bienvenidos a la edad adulta. Nadie puede escapar de los ciclos. Solo después de muchos años de penurias y dificultades para abrirse camino en el mercado, aprendemos. Al igual que las lecciones que aprendemos en la edad adulta de que lo que nos decían nuestros padres era cierto y, de hecho, sabían algo de la vida cuando éramos adolescentes despreocupados. Si intentamos impartir lecciones similares a nuestros vástagos, no debería sorprendernos que sus reacciones no sean diferentes de las que tuvimos nosotros cuando teníamos su edad.

Las lecciones del mercado son las mismas. Los humanos simplemente no quieren oírlas ni aprenderlas. Quieren paseos fáciles, dinero gratis y gangas en abundancia. Si uno pone la mente y el trabajo duro, las recompensas pueden ser inmensas. Pero eso requiere tiempo y paciencia. No es precisamente un fuerte humano.

Resumen:

Hazlo corto y sencillo. Lo más sencillo es siempre lo mejor.

CAPÍTULO 15

LA RUTINA BÁSICA

Durante los últimos días de mis reuniones con Boyd, le pedí que me contara su rutina típica cuando se acercaba al mercado. Tomé notas apresuradamente cuando habló ese día. Deseaba modelar mi rutina diaria de acuerdo con la suya. Resultó que no necesité tomar demasiadas notas porque su rutina era sencilla. Exactamente como a él le gustaba.

Esa noche escribí el resumen de las lecciones del día. Y quedó así:

- Comienza cada fin de semana observando los gráficos semanales de los índices DJIA, Nasdaq, S&P500 y Transports. Fíjate especialmente en la acción precio/volumen y comprueba si los índices siguen una tendencia concreta. Si la tendencia no es clara o si la tendencia es a la baja, entonces comprar acciones no es una buena idea y es mejor esperar a días mejores.

- Si la tendencia es clara y es alcista, entonces es el momento de comprar cantidades de prueba en valores que muestren una tendencia alcista confirmada.

- Para ver dónde está la fuerza y qué valores son los potenciales adecuados, echa un vistazo a los valores que están haciendo nuevos máximos de 52 semanas. Compruébalo en tus gráficos de todos los tiempos y verifica si muestran el tipo correcto de acción de precio y volumen. Si muestran el tipo correcto de acción de precio/volumen en sus gráficos semanales y mensuales de todos los tiempos, entonces anótalos en tu lista de valores a vigilar.

- Además de los valores que has anotado, mira los valores hermanos de estos "valores a vigilar". Si alguno de los valores hermanos confirma o muestra una acción similar a la de los valores de tu lista de "valores a vigilar", entonces las probabilidades son mayores con estos dos valores que con cualquier otro.

- Comprueba si alguno de tus "valores a vigilar" está haciendo incursiones en el "precio máximo de todos los tiempos" o está cerca de él. Aquellos que lo están harían su verdadera "lista corta de compras potenciales". Una vez que tengas esta lista corta, entonces debemos empezar a mirar la acción diaria. Esto significa que, después de que el mercado haya cerrado, comprueba los gráficos diarios, semanales y mensuales de la acción. Los gráficos diarios pueden ser del año más reciente. Los gráficos semanales también pueden ser para el más reciente, pero no más de tres años. Los gráficos mensuales son para todos los datos. Si lo que se ve es confirmado por los tres gráficos -diario, semanal y mensual-, entonces lo que vemos es probable que ocurra. En otras palabras, no estamos viendo algo que no está sucediendo. Una vez que identificamos estos valores, tenemos que fijar el precio de entrada exacto.

- Siga cada fin de semana en los gráficos semanales los movimientos que muestran los índices principales.

- Una vez que se ha realizado la entrada en un valor individual, es necesario colocar inmediatamente el correspondiente stop de venta. El stop de venta solo puede moverse hacia arriba cuando el valor demuestre ser un movimiento del tipo 20/4. En caso de que la acción haga un movimiento del tipo 20/4, el sell-stop se mueve entonces un poco por encima del precio de compra para que no se produzcan pérdidas en una acción que ha demostrado ser un movimiento del tipo 20/4. A partir de entonces, el sell-stop, una vez colocado, no puede cambiarse hasta que aparezca un nuevo sell-stop claramente visible y de mayor precio.

- Si es posible, mueve los stops basándose únicamente en los gráficos semanales.

- Durante la semana, no mire los movimientos bursátiles intradiarios.

- Apaga la televisión (CNBC y Bloomberg y otros), cancela tus suscripciones a todos los principales periódicos y revistas de negocios, inversión y bolsa. Cuanto más conocido sea el medio de comunicación, peor será el timing y la dirección del mercado que ofrezca. Para tener éxito en el mercado, el especulador tiene que acertar con la dirección del mercado y tiene que acertar con el momento en que se mueve. Además, un especulador de éxito tiene que ser capaz de "pensar y actuar" en el vacío. En otras palabras, en los momentos en los que el mercado tiene mejor aspecto, tiene que vender y cuando el mercado tiene peor aspecto, tiene que comprar. Y en otras ocasiones, aunque el mercado tenga un buen aspecto, no puede comprar y aunque el mercado tenga un aspecto terrible, no puede vender. El aspecto del mercado para el público o los medios de comunicación nunca debe entrar en la ecuación de cómo el especulador ve el mercado y cómo actúa según lo que ve.

Resumen:

Desarrolla y sigue tu propia rutina diaria y semanal. No hay nada que sustituya a la rutina a la hora de poner en práctica las propias reglas de la especulación con éxito.

CAPÍTULO 16

COMPROMETERSE TRAS EL INICIO DEL MOVIMIENTO

Es increíble lo arraigada que está en nuestra mente la idea de que debemos atrapar la jugada antes de que comience. Tal vez proceda de nuestra mentalidad cavernícola, en la que el primero en cazar comía. O quizás sean las lecciones de toda la vida que aprendemos desde nuestra infancia de que la vida es una carrera y que cuanto más rápido empecemos la carrera más probabilidades tendremos de vencer al resto de la multitud. Tal vez sean las lecciones aprendidas a lo largo de los tiempos en las que el primero que desenterraba el oro era el primero en ganar el tesoro.

El mantra de "entrar antes de que empiece el movimiento" es una parte tan integral de nuestra psique humana que la multitud se apresura a elegir los puntos de inflexión en el mercado. La estampida se ve alimentada por los iniciados, que anuncian a bombo y platillo cada subida como el comienzo o la continuación de un mercado alcista. Incluso el término "mercado alcista" evoca imágenes de un toro cargando hacia adelante. La maquinaria de marketing está en marcha y el bombo y platillo está siempre al alcance de la mano. Incluso durante las profundidades de un mercado bajista, la maquinaria de marketing está produciendo nuevos prospectos y nuevas listas de "hay que comprar" para vender al público.

Boyd solía decir que la mayor parte del dinero se pierde durante la fase de "persecución de los falsos repuntes" de un mercado bajista. Un clásico que Boyd utilizaba era: "No compres hasta que el movimiento sea definitivo". ¿Cuántos de nosotros podemos esperar los falsos repuntes? La necesidad de no perderse nada es tan fuerte y tan poderosa, que incluso los mejores de nosotros tenemos que rodearnos de un conjunto de reglas rígidas para evitar las trampas.

En la bolsa siempre es mejor llegar tarde que temprano. En otras palabras, nunca hay que llegar temprano a la fiesta. No hay garantía de que todas las fiestas sean un éxito. Es mejor esperar y confirmar que la fiesta tiene buena pinta antes de llegar a ella. Siempre es mejor llegar después de que haya empezado la mudanza que antes de que empiece. Las cuestiones que hay que tener en cuenta son:

- Si entro antes de un movimiento, ¿qué garantía tengo de que se produzca un movimiento?

- Incluso si el movimiento se produce, ¿qué garantía hay de que el movimiento será en mi dirección?

- ¿Cuánto tiempo tengo que esperar para que se produzca el traslado?

La mentalidad del especulador de esperar a confirmar que un movimiento está definitivamente en marcha antes de comprometerse funciona en todas las empresas de la vida y no solo en la búsqueda de riquezas bursátiles. Lo mismo ocurre en el sector inmobiliario. No tiene sentido comprar una propiedad inmobiliaria antes de que se haya iniciado la mudanza. Uno podría estar sentado aferrado a una propiedad inútil durante toda su vida. Por otro lado, una vez que ha comenzado un movimiento serio, muchos movimientos especulativos de bienes raíces han resultado bien para el especulador inteligente que esperó hasta que el movimiento estaba ciertamente en marcha.

Resumen:

No adquieras ningún compromiso hasta que no se confirme que se trata de un movimiento serio.

CAPÍTULO 17

EL PERDEDOR EXPERIMENTADO O EL GANADOR EXPERIMENTADO

Se aprende haciendo. Aprendemos a gatear gateando. Aprendemos a caminar caminando nosotros mismos. Aprendemos a correr y a nadar corriendo y nadando. Sí, durante el proceso de aprender a gatear, caminar y correr, nos caemos, nos lastimamos, nos frenamos, tropezamos y nos raspamos. Y durante el proceso de aprender a nadar bebemos toneladas de agua sucia, nos duelen los ojos y los oídos. Sin embargo, una vez terminado el proceso de aprendizaje, conocemos las trampas que debemos evitar. Puede que nos caigamos de vez en cuando, pero casi nunca nos hacemos daño de gravedad.

En el mercado de valores no es diferente. El proceso de aprendizaje es lento, largo y doloroso. Si uno tira la toalla, no tiene ninguna posibilidad de aprender las lecciones de la especulación exitosa.

La mayoría de la gente quiere respuestas directas y fáciles para triunfar en los mercados. Cuando gente como Boyd Hunt cumple y ofrece lecciones verdaderamente probadas, los estudiantes no quieren escuchar. Las lecciones, tal y como las ofrece gente como Boyd, son demasiado engorrosas, anticuadas, lentas para mostrar ganancias, requieren largos periodos de pensamiento, aprendizaje y comprensión de los mercados. Requiere desaprender las lecciones que se aprendieron en otros empeños de la vida. Las mayores lecciones están relacionadas con la autodisciplina y la conquista del elemento humano.

Boyd diría que el mercado está lleno de gente experimentada. Sin embargo, la mayoría de ellos son perdedores experimentados, ya que en cualquier ciclo de diez años la mayoría de la gente tendrá suerte si sale a flote. Los ganadores experimentados son pocos y distantes entre sí, y suelen ser los silenciosos. El ganador experimentado, por lógica, tiene que ser silencioso porque tiene que ser bajista cuando todo el mundo es alcista. Decir lo que se piensa cuando el mundo es alcista es pedir el ostracismo y todos somos animales sociales. El ostracismo no es deseado por ninguno de nosotros y la experiencia no es agradable.

Es alguien como Boyd, que por naturaleza es distante y desapegado, el que puede tener éxito, ya que la gente como él no tiene ninguna necesidad de socializar. Boyd había pasado años siendo golpeado por el mercado. Había aprendido las lecciones con dureza. No había necesidad en él de demostrar sus habilidades a nadie. Sus habilidades eran conocidas por él y solo por él y para él eso era lo único que importaba. No tenía necesidad de publicitar sus victorias ni sus aciertos en el mercado. No tenía nada que demostrar a nadie. Para él, la prueba de sus habilidades estaba en el valor de su cuenta de operaciones. Esa cuenta de operaciones tenía un valor que tenía más que un puñado de ceros al lado.

Hace algunos años, cuando Boyd decidió cerrar su servicio de bolsa, le pregunté por qué daba ese paso. Después de todo, sus selecciones eran excelentes y su sincronización con el mercado era mejor que la de cualquier otra persona que yo conociera. Y yo conocía a bastantes operadores de éxito en el mercado. Su respuesta fue: "No puedo intentar calmar las necesidades humanas de todos los lectores. La gente no puede esperar a ganar. Me estaba cansando de los juegos mentales de la gente. Cuando el mercado giraba y yo les decía a mis lectores que fueran cautelosos, ellos querían ser alcistas y me informaban de que se avecinaba el mejor mercado alcista en décadas. Una vez que se demostró que tenía razón en cuestión de semanas o meses, muchos lectores se sentían como si estuviera insultando su inteligencia con mis escritos en los que señalaba que las señales que veía se estaban cumpliendo claramente".

Y continuó: "La gente que no puede esperar a que pasen los malos periodos no puede esperar con las acciones en los buenos tiempos. Tanto si las condiciones son buenas, malas o indiferentes, esperar es la clave del éxito. Nadie quiere esperar. En los malos tiempos, yo sugeriría esperar en efectivo. Nadie quería esperar en los malos tiempos. O bien negociaban su entrada y salida del mercado en un profundo agujero o cancelaban sus suscripciones. Una vez que llegaban los buenos tiempos, los que entraban y salían del mercado ganaban algunos puntos. Algunos de los otros venderían a los grandes ganadores temprano y se perderían el verdadero movimiento. Muchos entrarían en el mercado muy tarde. En todos estos casos, la falta de habilidad para sentarse y esperar fue la razón clave para perderse los grandes y verdaderos movimientos del mercado".

"El mercado está lleno de riesgo. No puedo justificar perder un 10% para ganar un 10%. Si voy a participar en el mercado, más vale que me ofrezca buenas probabilidades de duplicar mi dinero. De lo contrario, el riesgo no merece la pena. Si no se ofrecen muchas acciones realmente ganadoras, el mercado no me sirve".

"Cuando decidí interrumpir mi servicio, recibí discretos correos electrónicos y llamadas de un puñado de lectores que deseaban que continuara con el trabajo. Acabé atendiendo solo a estos lectores con mis comentarios. Estos lectores llevan conmigo muchas décadas y me cuesta despedirme de ellos".

"Les he informado en mi última columna de que te cedo las riendas a ti y que eres de lo mejor que hay. Respetan mi capacidad para reconocer a un buen operador y tengo plena confianza en que les servirás bien y ellos te tratarán bien a su vez".

"Nunca vi la necesidad de ampliar mi número de lectores. Me gustaba que mi vida fuera sencilla. No me interesaba mucho tratar de ser un escritor muy leído. Te animo a que sigas así. No hay necesidad de los dolores de cabeza adicionales que conlleva una gran base de suscriptores. Resulta fácil perder el foco y complicarse demasiado tratando de complacer a todo el mundo. El objetivo del redactor de este tipo de columnas es interpretar correctamente el mercado, elegir los valores adecuados en el momento oportuno y, a continuación, operar con ellos de forma eficaz. Mientras mantengas la vista en el objetivo, estarás bien".

Comprendí que Boyd ya me había dado las riendas. Me dijo: "Te sugiero que empieces inmediatamente. Este fin de semana escribiré mi última columna y me despediré de mis lectores. Estoy muy contento y satisfecho con la elección de mi sucesor. Te agradezco que hayas aceptado el reto. Te aseguro que aprenderás mucho de los lectores y estoy seguro de que ellos aprenderán mucho de ti y de tu nueva perspectiva".

Esa noche, mientras empezaba a poner todas mis notas de las lecciones de Boyd en forma de libro, me sentí solo al sentir la enorme pérdida de un hombre gigante y querido amigo. Me pregunté a quién recurriría ahora en momentos de confusión en el mercado. Entonces me di cuenta de que Boyd me había dado todo lo que necesitaba para navegar por las aguas peligrosas cuando me dijo: "Escucha al mercado y a los valores líderes. Difícilmente le llevarán a equivocarse. Nunca escuches a los humanos, ya que los humanos casi siempre se equivocan. El mercado es el único que nunca se equivoca".

Me sentí confiado. Sabía que el mercado era mi amigo y mi única y verdadera guía. Aparte del mercado y de los valores líderes, no tenía ninguna razón para depender o confiar en nadie ni en nada más. Boyd había hecho del mercado un buen amigo mío. Como era su estilo, de forma discreta y sin pretensiones, Boyd me había dejado un gran regalo. Era muy afortunado y mi esperanza era compartir esta fortuna con aquellos que estuvieran dispuestos a dedicar tiempo, esfuerzo y trabajo para hacer del mercado su amigo.

Resumen:

El mercado es el único amigo verdadero de un especulador, ya que el mercado nunca le hará equivocarse.

LAS REGLAS DE LA ESPECULACIÓN

1. En primer lugar, no hacer daño.

2. Comprueba tu lista de verificación antes de comprar: ( ) ¿Está el mercado general en una tendencia alcista confirmada? ( ) ¿Veo algún movimiento de valores del tipo 20/4? ( ) ¿Veo una acción de precio/volumen que confirma todo lo que veo?

3. Si no puedo ganar dinero en las compras de prueba, no puedo ganar dinero en los grandes fondos.

4. Utiliza siempre un stop-loss para proteger la cuenta de uno mismo.

5. La tendencia es tu amiga y mueve tus stops a lo largo del movimiento de tendencia.

6. Debo empezar a obtener ganancias en mis posiciones desde el primer día y, en un plazo de cuatro semanas, la acción debe haber hecho un movimiento de al menos un 20% o más desde el precio

de compra hasta sus nuevos precios máximos. Las acciones del tipo 20/4 deben continuar en una tendencia alcista en la que sigan registrando máximos y mínimos más altos.

7. No compres una segunda acción y no hagas una compra piramidal en la primera acción a menos que la primera compra haya hecho una ganancia.

8. Haz una pirámide solo cuando las probabilidades estén a tu favor y asegúrate de que la compra piramidal nunca suponga una pérdida en el conjunto de la operación.

9. Si muchas acciones líderes del tipo 20/4 comienzan a golpear sus paradas, el mercado puede mostrar signos de peligro.

10. No busques obtener ganancias en mercados malos. Es mucho mejor mantenerse al margen de los malos mercados en los que las probabilidades de ganar están en nuestra contra, en lugar de intentar nadar a contracorriente.

11. Si los mejores valores no suben de precio, el mercado no tiene ninguna posibilidad de ofrecer buenas probabilidades de ganar. Si los mejores valores están subiendo, no se necesita ninguna otra razón para comprar y si los mejores valores no están subiendo de precio, no se necesita ninguna otra razón para evitar comprar.

12. Las acciones que están dentro del 15-20% de sus máximos históricos deberían ser las que hay que vigilar.

13. No mires tu ordenador durante las horas de mercado para ver los datos en tiempo real. Solo los day-traders observan el mercado minuto a minuto y segundo a segundo.

14. No escuches a ningún ser humano sobre las condiciones generales

del mercado. Deja que los valores líderes y los índices líderes dicten tus acciones.

15. Las acciones harán lo que quieran hacer. Ninguna persona puede impedir que una acción se mueva en una u otra dirección.

16. La toma de decisiones debe ser sencilla. La vida ya es bastante complicada. No es necesario añadirle las cargas de la pesada toma de decisiones en el comercio de acciones.

17. El único trabajo del mercado es confundirnos y engañarnos. Busca siempre señales de confirmación. Ten prisa por vender una pérdida y sé reacio a vender una ganancia. Deja que tus stops tomen las decisiones por ti.

18. Las rupturas son apuestas sólidas. En un mercado de tendencia alcista, las rupturas que cumplen con la mayoría de los criterios de ruptura verdadera suelen indicar el comienzo de un verdadero movimiento de tendencia alcista.

19. El volumen del día de la ruptura debe explotar. Si la intención de un especulador es buscar solo un puñado de operaciones potenciales para un año determinado, debería exigir que se negocie al menos el volumen medio diario de acciones de la acción en la primera hora de la sesión bursátil.

20. Lleva un diario de todas y cada una de las operaciones. 21. Aprende de tus errores. Tus errores te enseñarán mucho sobre ti mismo. Estas lecciones no las puede enseñar nadie más.

APÉNDICE 2

UNA IMAGEN VALE MÁS QUE MIL PALABRAS

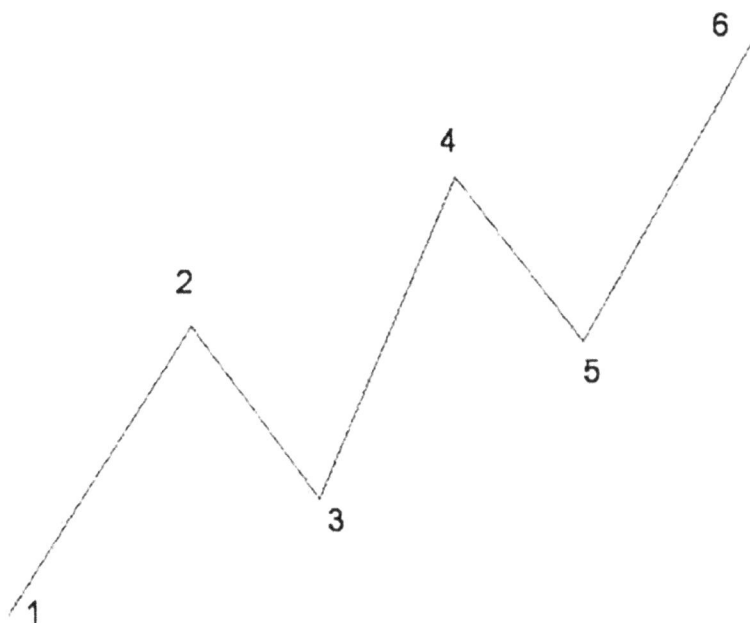

Figura 1. Una tendencia al alza confirmada

1 = mínimo más reciente

2 = un máximo a corto plazo fijado por un valor con tendencia alcista

3 = un mínimo de reacción fijado en respuesta al máximo fijado en el punto 2

4 = nuevo máximo superior por encima del máximo anterior del punto 2

5 = un mínimo reactivo al máximo más reciente del punto 4

6 = un nuevo máximo superior

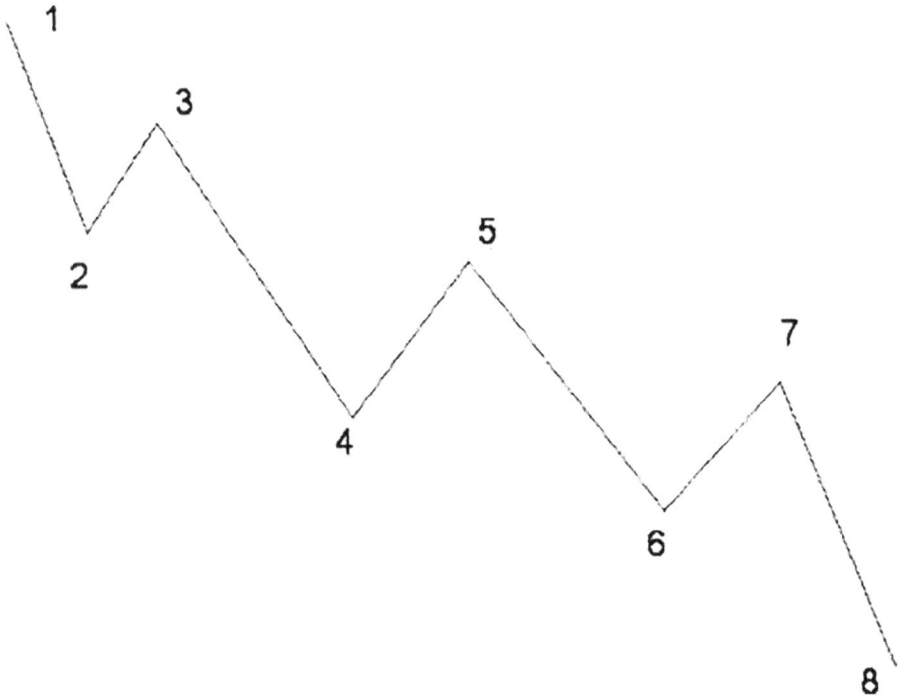

Figura 2. Una tendencia a la baja confirmada

1 = máximo más reciente

2 = un mínimo a corto plazo es fijado por un valor con tendencia a la baja

3 = se fija un máximo de reacción en respuesta al tramo bajista del punto 1 al punto 2

4 = un nuevo mínimo más bajo es fijado como continuación de la tendencia bajista

5 = un máximo de reacción es inferior al máximo anterior en el punto 3

6 = se fija un nuevo mínimo inferior

7 = el máximo de reacción vuelve a ser inferior al máximo anterior en el punto 5

8 = continuación de la tendencia bajista

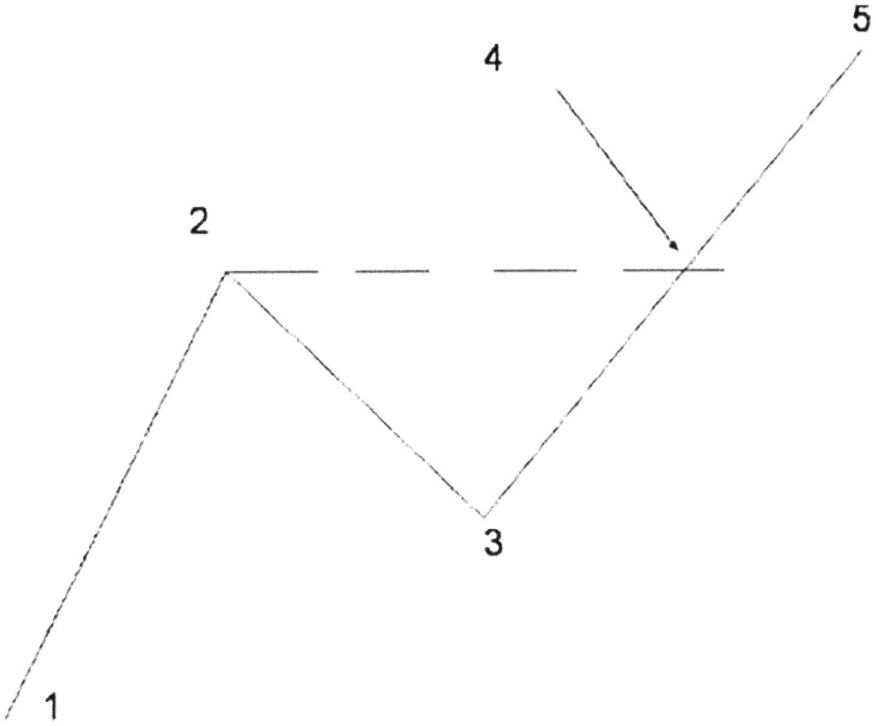

Figura 3. Un zig que muestra una potencial tendencia al alza

1 = tendencia alcista anterior

2 = máximo más reciente

3 = mínimo de reacción al máximo más reciente

4 = al superarse el punto máximo fijado en el punto 2, puede haberse iniciado una nueva tendencia alcista potencial

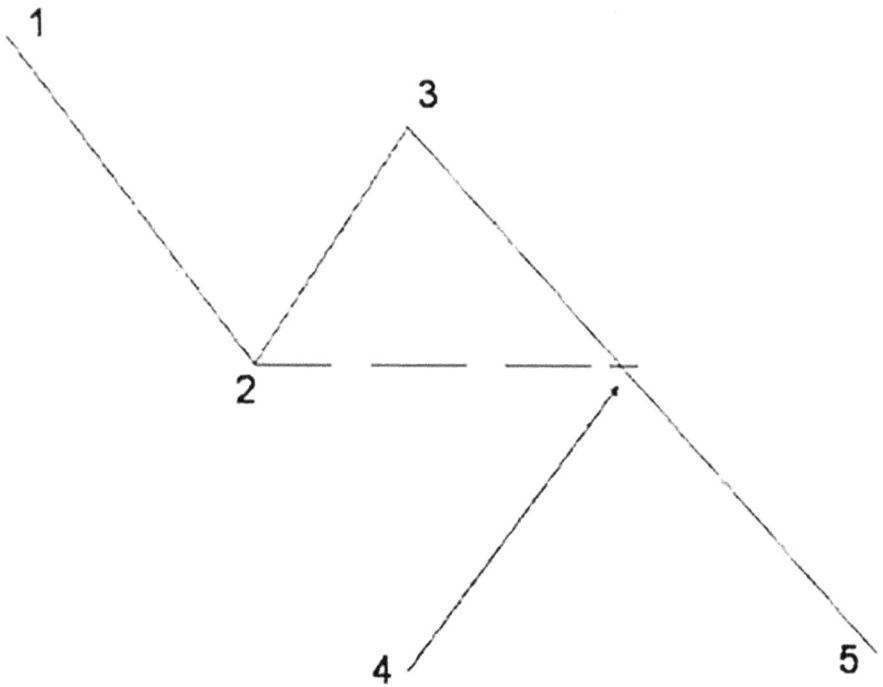

Figura 4. Un zag que muestra una posible tendencia a la baja

1 = tendencia anterior a la baja

2 = mínimo más reciente

3 = máximo de reacción al mínimo más reciente

4 = cuando el nuevo punto mínimo fijado en el punto 2 es penetrado a la baja, puede haber comenzado una nueva tendencia bajista potencial

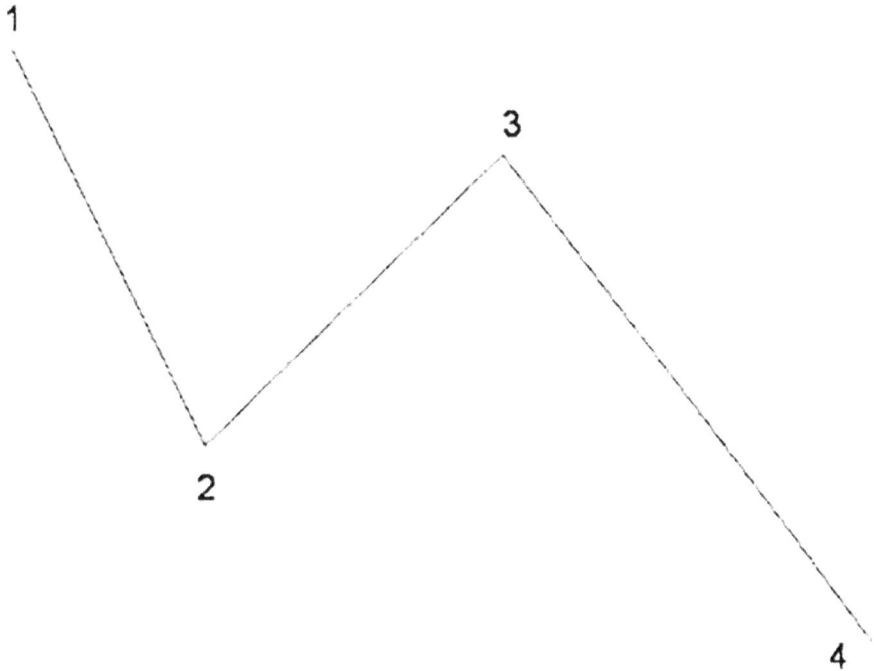

Figura 5a. Un mercado con tendencia a la baja

1 = tendencia anterior a la baja

2 = mínimo más reciente

3 = máximo de reacción al mínimo más reciente

4 = un nuevo mínimo más bajo

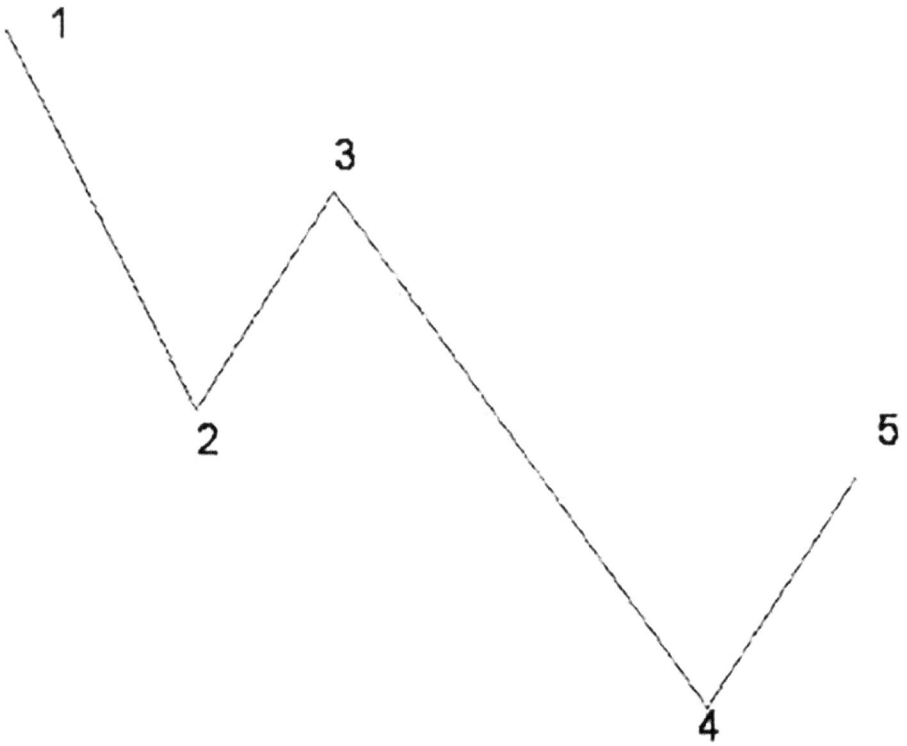

Figura 5b. Un posible cambio de tendencia puede o no estar a la vista

1 = tendencia anterior a la baja

2 = mínimo más reciente

3 = máximo de reacción al mínimo más reciente

4 = un nuevo mínimo más bajo

5 = un repunte desde el punto 4

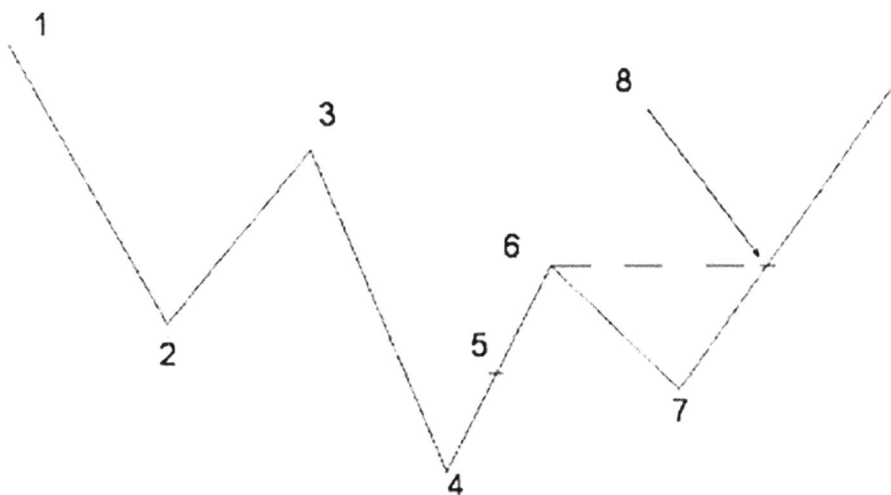

Figura 5c. Un cambio de tendencia

1 = tendencia anterior a la baja

2 = mínimo más reciente

3 = máximo de reacción al mínimo más reciente

4 = un nuevo mínimo más bajo

5 = un repunte desde el mínimo más reciente

6 = un máximo fijado durante la última subida

7 = una reacción a la baja al último repunte, pero este mínimo es más alto que el mínimo anterior en el punto 4

8 = cuando el precio supera el punto 6, el máximo anterior, se indica un nuevo cambio de tendencia

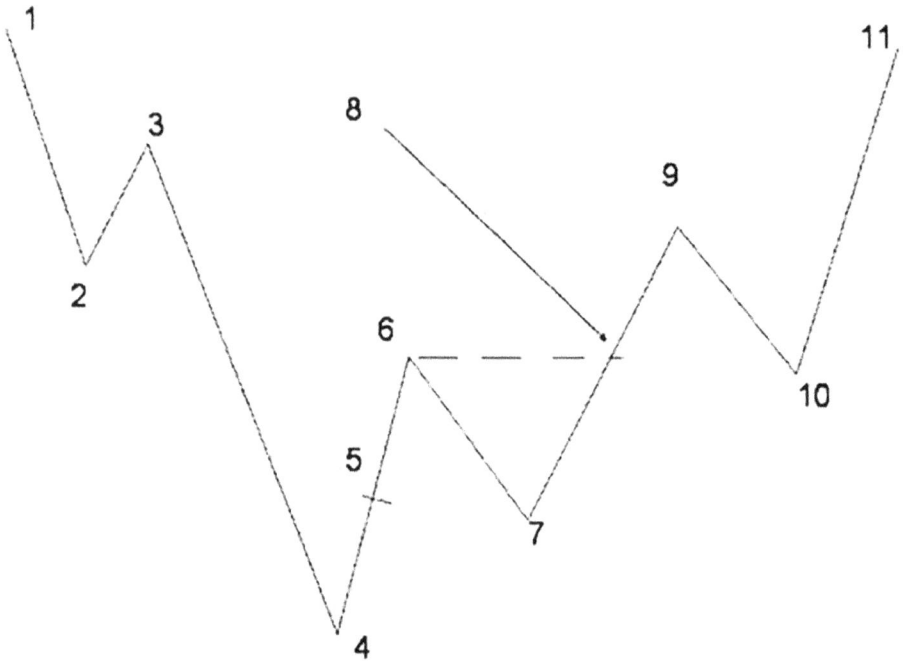

Figura 5d. Se confirma un cambio de tendencia

1 = tendencia anterior a la baja

2 = mínimo más reciente

3 = máximo de reacción al mínimo más reciente

4 = un nuevo mínimo más bajo

5 = un repunte desde el mínimo más reciente

6 = un máximo fijado durante la última subida

7 = una reacción a la baja al último repunte, pero este mínimo es más alto que el mínimo anterior en el punto 4

8 = cuando el precio supera el punto 6, el máximo anterior, se indica un nuevo cambio de tendencia

9 = se fija un nuevo máximo más alto por encima del máximo anterior en el punto 6

10 = un mínimo más alto que el anterior en el punto 7

11 = un nuevo máximo más alto continúa la tendencia alcista

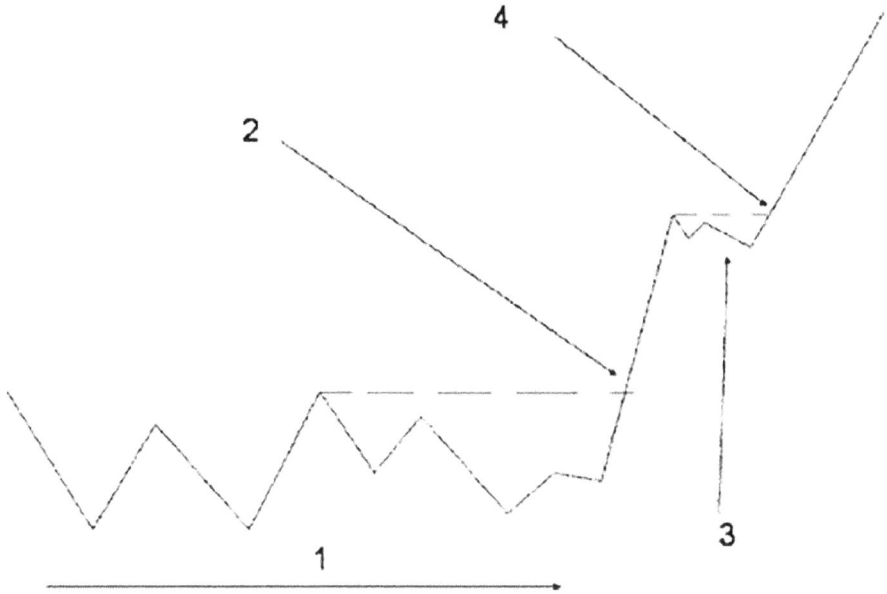

Figura 6. Un típico movimiento de acciones del tipo 20/4

1 = fase de base larga que dura meses y años

2 = se fijan todos los nuevos máximos del precio

3 = fase de consolidación o descanso

4 = ruptura de nuevos máximos para proceder a un movimiento del 20% o más en cuatro semanas a partir del punto 4

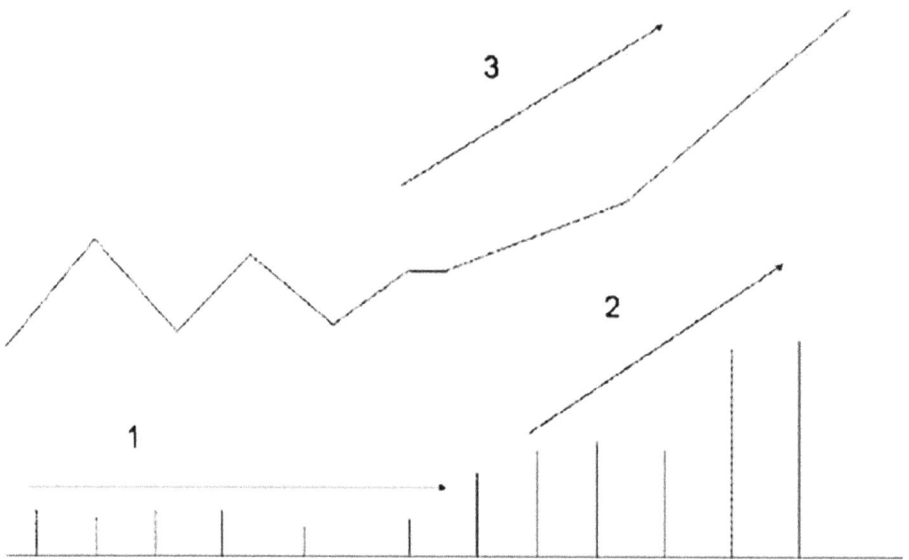

Figura 7. Una acción ideal de precio/volumen

1 = fase de base larga con volumen tranquilo

2 = volumen ascendente

3 = precio al alza que acompaña al volumen al alza

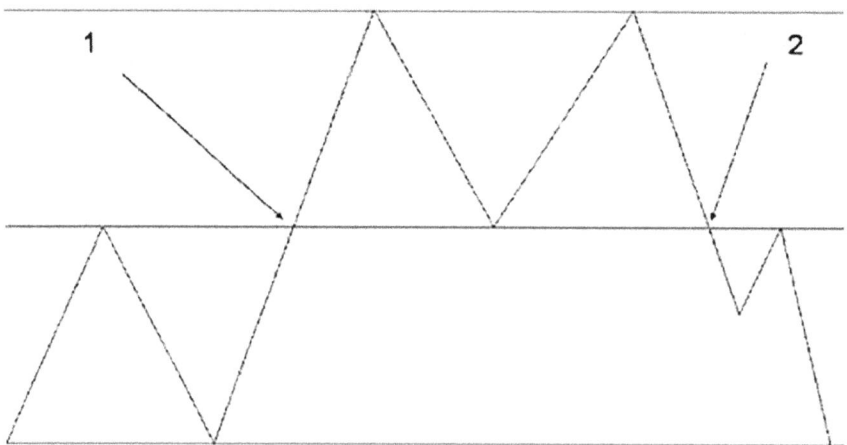

Figura 8a. Cualquier ruptura antigua

1 = ruptura de un rango de precios a un rango de precios superior

2 = regreso al rango de precios inferior original

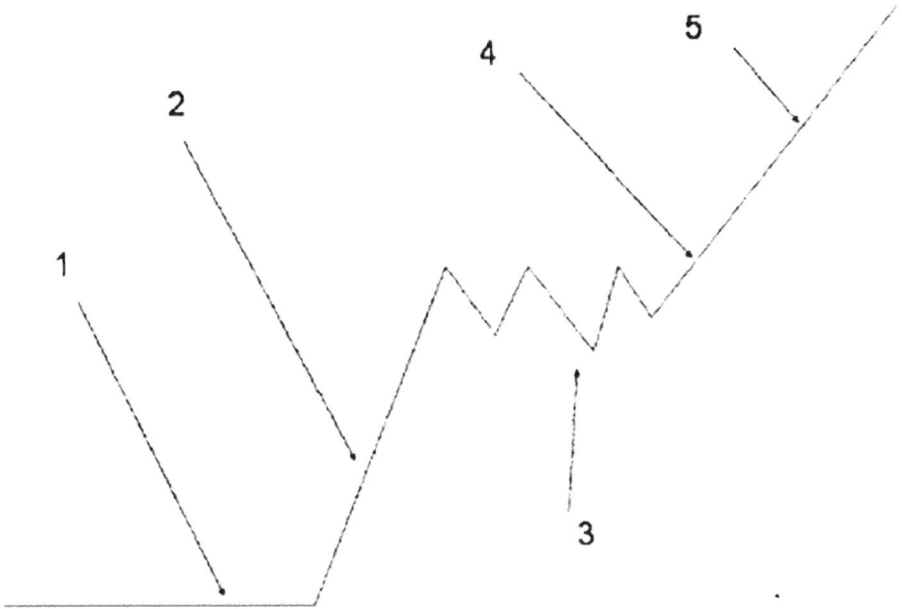

Figura 8b. Una verdadera ruptura

1 = fase de base lateral larga

2 = una fuerte tendencia alcista que comienza a hacer nuevos máximos de precios

3 = fase de descanso o consolidación

4 = ruptura hacia una nueva zona de precios máximos históricos

5 = continuación de la tendencia alcista tras la fase de descanso o consolidación

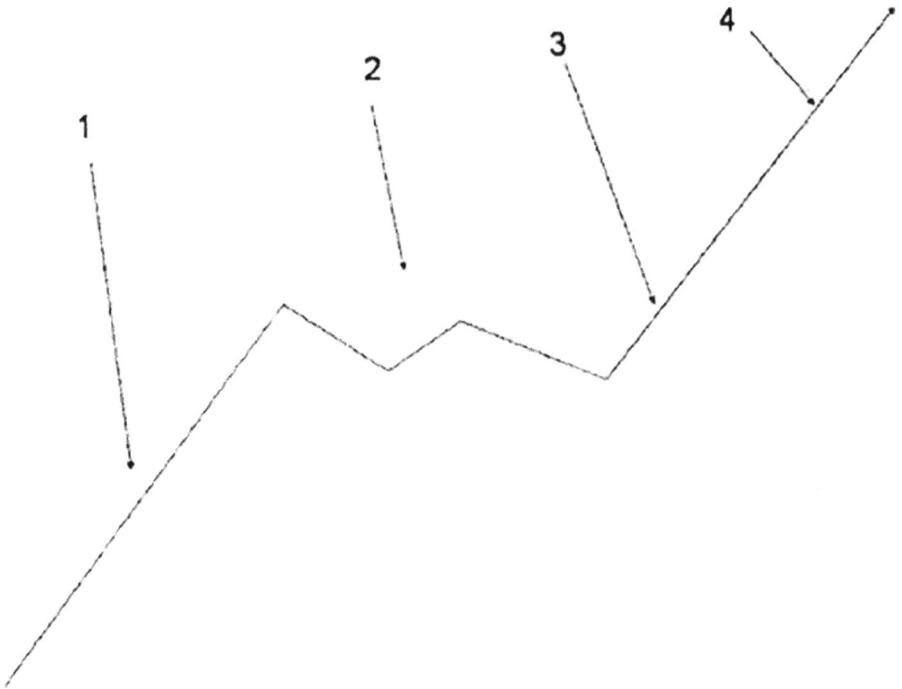

Figura 8c. Un primer plano de una verdadera ruptura

1 = una fuerte tendencia alcista iniciada para hacer nuevos máximos de precios

2 = fase de descanso o consolidación

3 = ruptura hacia una nueva zona de precios máximos históricos

4 = continuación de la tendencia alcista tras la fase de descanso o consolidación

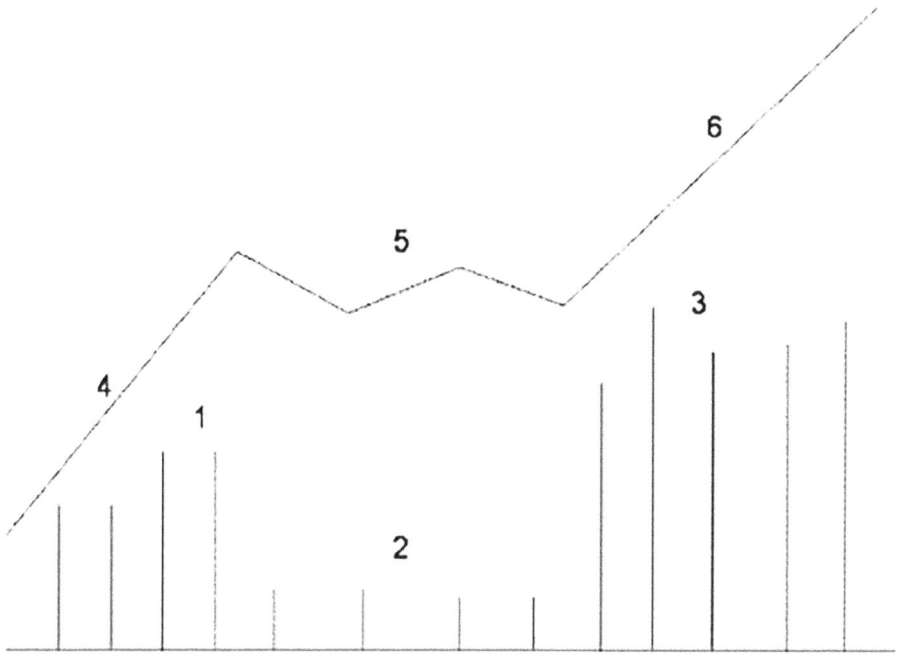

Figura 9. Una verdadera ruptura con una sólida
acción precio/volumen

1 = volumen creciente durante la tendencia alcista anterior

2 = contracción del volumen durante la fase de reposo o consolidación

3 = el volumen salta a los niveles más altos en el historial de volumen de negociación de la acción

4 = zona de precios de la tendencia alcista anterior

5 = fase de consolidación - el precio máximo durante esta fase es un "techo" hasta que la acción rompe por encima de este precio "techo". Una vez que se rompe por encima del precio "techo", el "techo" se convierte en el precio "suelo", que normalmente no se vuelve a penetrar hacia el lado bajista

6 = se reanuda la tendencia alcista

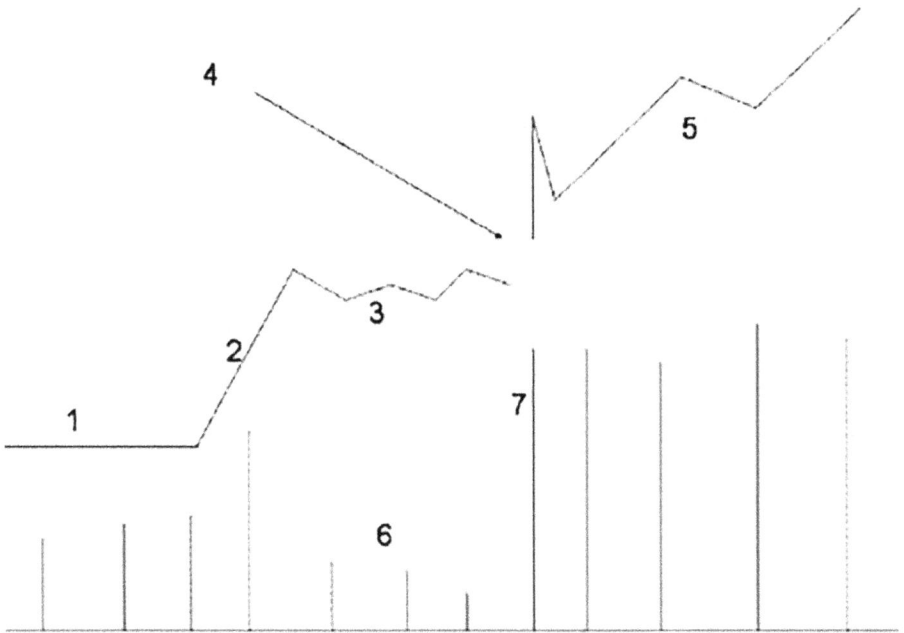

Figura 10. Una verdadera ruptura

1 = fase de base lateral larga

2 = una fuerte tendencia alcista que comienza a hacer nuevos máximos de precios

3 = fase de descanso o consolidación

4 = hueco de ruptura

5 = continuación de la tendencia alcista tras la fase de reposo o consolidación

6 = volumen muerto durante la fase de reposo

7 = mayor volumen de negociación mostrado en la historia de la acción

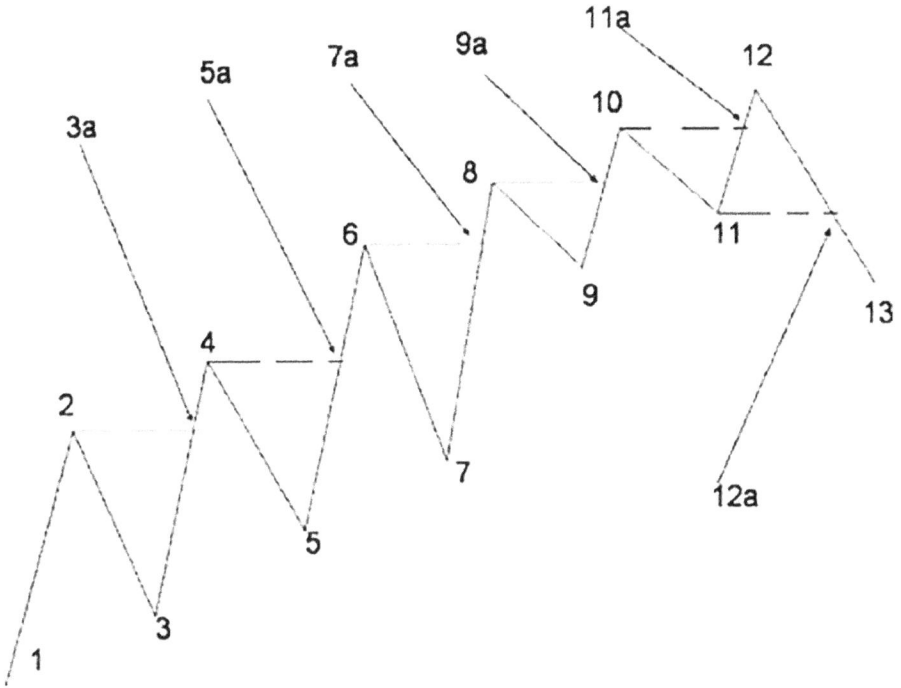

Figura 11. Paradas móviles a lo largo de un movimiento de tendencia

Boyd dijo: "Supongamos que tienes una acción que está subiendo de precio. He dibujado un boceto de dichas acciones. Supongamos que compraste la acción cuando superó el punto 3a, cuando hizo nuevos máximos de precio. Tan pronto como se compre en el punto 3a, se colocará un sellstop al 10% por debajo del precio en el punto 3a. Supongamos que el precio de venta-parada no se toca hasta que la acción haya registrado un máximo y un mínimo más altos. Esto significa que la acción tiene que registrar primero un precio alto en el punto 4. A continuación, su reacción a este movimiento al alza debe fijarse, de manera que se sitúe en un precio en el punto 5. Hay que tener en cuenta que el precio en el punto 5 es más alto que el precio en el punto 3, el último mínimo de la acción. A continuación, la acción tiene que registrar un nuevo máximo más alto, como lo hace en el precio del punto 6. Nótese que el precio en el punto 6 es más alto que su anterior precio máximo en el punto 4. Durante el movimiento del precio de la acción desde el punto 5 a un precio en el punto 7, pasa a través o perfora por encima del precio en el 5a que es esencialmente el mismo precio registrado como máximo en el punto 4. En el momento en que la acción supera este punto 5a, la acción ha reconfirmado su tendencia alcista. Es en este momento cuando el sell-stop se mueve desde el sell-stop anterior hasta un poco por debajo del precio del punto 5".

"El sell-stop" se mantiene un poco por debajo del precio del punto 5 hasta que se confirme otra ronda de máximos y mínimos más altos. Esto significa que la acción tiene que registrar primero el máximo indicado por el precio en el punto 6. A continuación, la acción debe reaccionar a este nuevo precio máximo en el punto 6. La reacción se muestra fijando un precio mínimo en el punto 7. A continuación, se inicia un nuevo tramo de movimiento alcista. Durante este nuevo movimiento ascendente desde el precio del punto 7 hasta el precio del punto 8, la acción debe perforar o pasar a través del precio máximo fijado en el punto 6. He indicado que este precio es un precio en el punto 7a. Tan pronto como la acción se mueve más allá de este precio en 7a, entonces muevo mi sell-stop desde un poco por debajo del precio en el punto 5 a un poco por debajo del precio en el punto 7. El sell-stop colocado ahora un poco por debajo del precio en el punto 7 no se mueve hasta que se fije otra ronda completa de máximos y mínimos más altos".

"Sobre el papel esto parece bastante simple y sencillo. El mayor obstáculo al que se enfrentan la mayoría de los novatos es que prestan atención a los valores de sus cuentas y a los precios de sus acciones día tras día. Cuando ven que la acción ha marcado un máximo, por ejemplo, en el punto

6 y luego ven que reacciona al precio en el punto 7, empiezan a ponerse nerviosos. Sienten que están "perdiendo" su beneficio y el novato venderá al primer indicio de debilidad del precio".

"La disciplina de seguir las paradas de venta a lo largo del movimiento de tendencia lleva tiempo para desarrollarse. La mayoría de la gente se da cuenta de esta disciplina solo después de "perder" las grandes ganancias. Es solo después de que muchos han dejado ir un verdadero ganador muy temprano en la tendencia muchas veces, que muchas personas conseguirán el truco de operar a lo largo de la tendencia. Lamentablemente, muchos otros nunca llegarán a comprender la simplicidad de la disciplina. Como he dicho, el tiempo es relativo. De cuatro a ocho meses no es un periodo de tiempo muy largo en el mercado de valores para gente como yo, que ha visto y experimentado los dones y los peligros del mercado durante décadas. Pero para los novatos y muchos profesionales indisciplinados (que no seguirán siendo profesionales durante mucho tiempo), incluso 4-8 semanas parecen una eternidad".

Y continuó: "A medida que las acciones siguen haciendo estos máximos y mínimos más altos, los topes siguen subiendo a lo largo del movimiento de tendencia. En algún momento la presión alcista del precio se detendrá. Y entonces la presión comienza a acumularse para empujar los precios a la baja. El giro se produce con sutileza unas veces y otras con total claridad. Pero el especulador que mantiene sus reglas seguirá moviendo sus stops hacia arriba. Primero el stop se mueve un poco por debajo del precio del punto 9. Luego a un poco por debajo del precio en el punto 11. Cuando la acción alcance su máximo a medio o largo plazo y comience a bajar, este stop será alcanzado y la acción será vendida. El especulador fue capaz de ir con la acción desde un precio en el punto 3a hasta el precio en el punto 11. Se trata de un movimiento importante, y ese es el verdadero objetivo de un especulador avispado: coger y cabalgar la parte importante de un movimiento de tendencia".

LOS ÚNICOS OTROS LIBROS QUE NECESITA UN ESPECULADOR

1. "Cómo gané 2 millones de dólares en la bolsa", por Nicolas Darvas

2. "Cómo los gráficos pueden ayudarte en la bolsa" por William Jiler

3. "La Acción Perfecta" por Brad Koteshwar

Todas las demás lecciones tienen que aprenderse mediante ejecuciones comerciales reales y experimentando un ciclo completo que consiste en una tendencia alcista y una tendencia bajista completas.

Sobre el autor

Brad Koteshwar, el autor de The Perfect Speculator (El especulador perfecto), fue conocido por primera vez por su informe sobre la fenomenal carrera de precios del 7000% en 52 semanas de las acciones de Taser International. Cuando publicó ese informe que había escrito para sus clientes como una ficción y buscó publicidad en los medios de comunicación locales de Arizona, fue rechazado, ya que el quién es quién en las pequeñas pero ricas comunidades de Arizona eran todos propietarios de acciones de Taser. Ninguno de ellos quería creer que el precio de las acciones de Taser había tocado techo en abril de 2004.